ワイド新版

思考の整理学

外山滋比古

Toyama Shigehiko

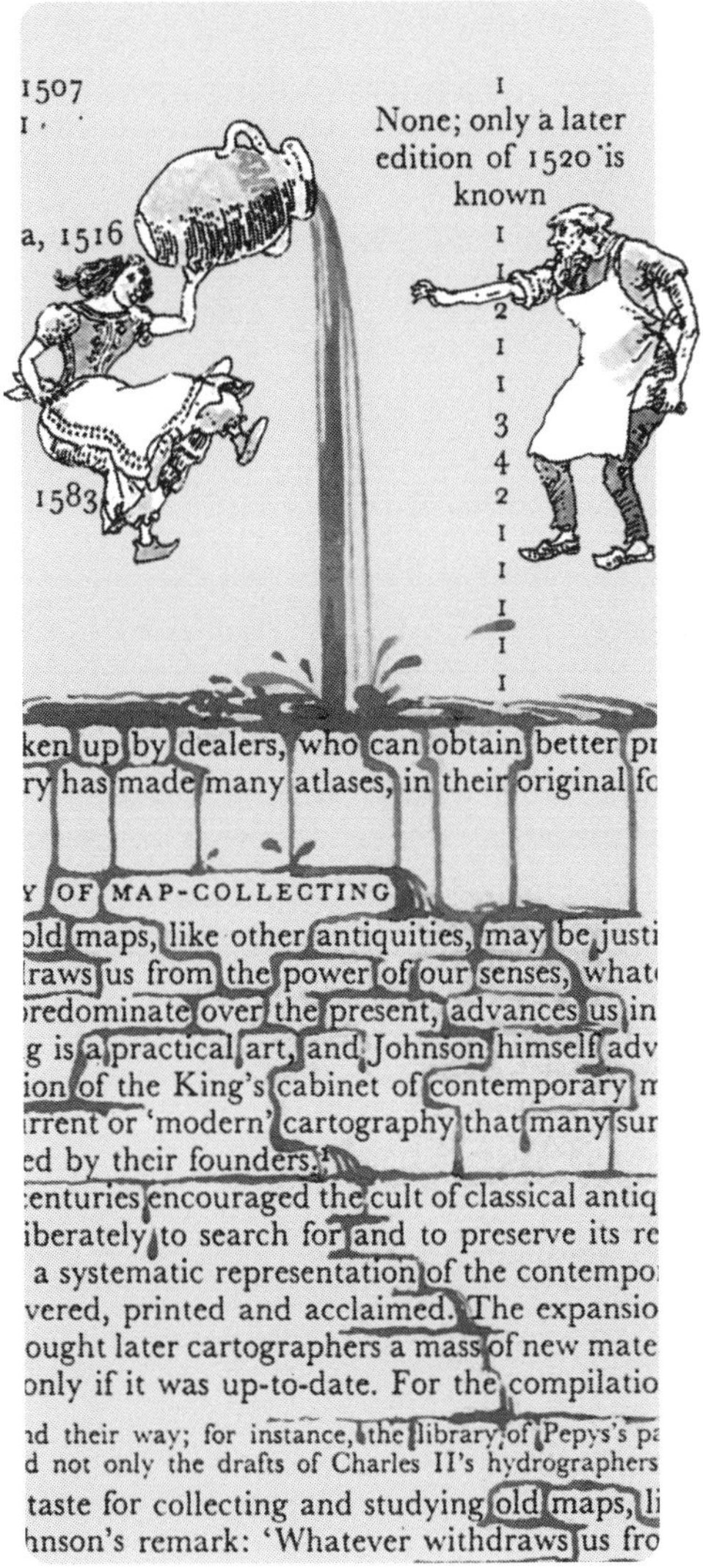

目次

I

グライダー

勉強したい、と思う。すると、まず、学校へ行くことを考える。学校の生徒のことではない。いい年をした大人が、である。こどもの手が離れて主婦に時間ができた、もう一度勉強をやりなおしたい。ついては、大学の聴講生にしていただけないか、という相談をもって母校を訪れる。実際の行動には移さないまでも、そうしたいと思っている人はたくさんあるらしい。

家庭の主婦だけのことではない。新しいことをするのだったら、学校がいちばん。年齢、性別に関係なくそう考える。学ぶには、まず教えてくれる人が必要だ。これまでみんなそう思ってきた。学校は教える人と本を用意して待っている。そこへ行くのが正統的だ、となるのである。

たしかに、学校教育を受けた人たちは社会で求める知識をある程度身につけている。世の中に知識を必要とする職業が多くなるにつれて、学校が重視されるようになるのは当然であろう。

いまの社会は、つよい学校信仰ともいうべきものをもっている。全国の中学生の九十四パーセントまでが高校へ進学している。高校くらい出ておかなければ……と言う。

ところで、学校の生徒は、先生と教科書にひっぱられて勉強する。自学自習ということばこそあるけれども、独力で知識を得るのではない。いわばグライダーのようなものだ。自力では飛び上がることはできない。

グライダーと飛行機は遠くからみると、似ている。空を飛ぶのも同じで、グライダーが音もなく優雅に滑空しているさまは、飛行機よりもむしろ美しいくらいだ。ただ、悲しいかな、自力で飛ぶことができない。

学校はグライダー人間の訓練所である。飛行機人間はつくらない。グライダーの練習に、エンジンのついた飛行機などがまじっていては迷惑する。危険だ。学校では、ひっぱられるままに、どこへでもついて行く従順さが尊重される。勝手に飛び上がったりするのは規律違反。たちまちチェックされる。やがてそれぞれにグライダーらしくなって卒業する。

優等生はグライダーとして優秀なのである。飛べそうではないか、ひとつ飛んでみろ、などと言われても困る。指導するものがあってのグライダーである。

グライダーとしては一流である学生が、卒業間際になって論文を書くことになる。これはこれまでの勉強といささか勝手が違う。何でも自由に自分の好きなことを書いてみよ、というのが論文である。グライダーは途方にくれる。突如としてこれまでとまるで違ったことを要求されても、できるわけがない。グライダーとして優秀な学生ほどあわてる。

そういう学生が教師のところへ〝相談〟にくる。ろくに自分の考えもなしにやってきたってしかたがないではないか。教師に手とり足とりしてもらって書いても論文にはならない。そんなことを言って突っぱねる教師がいようものなら、グライダー学生は、あの先生はろくに指導もしてくれない、と口をとがらしてその非を鳴らすのである。

そして面倒見のいい先生のところへかけ込み、あれを読め、これを見よと入れ知恵してもらい、めでたくグライダー論文を作成する。卒業論文はそういうのが大部分と言っても過言ではあるまい。

いわゆる成績のいい学生ほど、この論文にてこずるようだ。言われた通りのことをするのは得意だが、自分で考えてテーマをもてと言われるのは苦手である。長年のグライダー訓練ではいつもかならず曳いてくれるものがある。それになれると、自力飛行の力を失ってしまうのかもしれない。

もちろん例外はあるけれども、一般に、学校教育を受けた期間が長ければ長いほど、自力飛翔の能力は低下する。グライダーでうまく飛べるのに、危ない飛行機になりたくないのは当り前であろう。

こどもというものは実に創造的である。たいていのこどもは労せずして詩人であり、小発明家である。ところが、学校で知識を与えられるにつれて、散文的になり、人まねがうまくなる。昔の芸術家が学校教育を警戒したのは、たんなる感情論ではなかったと思われる。飛行機を作ろうとしているのに、グライダー学校にいつまでもグズグズしていてはいけないのははっきりしている。

いまでも、プロの棋士たちの間に、中学校までが義務教育になっているのがじゃまだとはっきり言う人がいる。いちばん頭の発達の速い時期に、学校でグライダー訓練なんかさせられてはものにならない、というのであるらしい。

人間には、グライダー能力と飛行機能力とがある。受動的に知識を得るのが前者、自分でものごとを発明、発見するのが後者である。両者はひとりの人間の中に同居している。グライダー能力をまったく欠いていては、基本的知識すら習得できない。何も知らないで、独力で飛ぼうとすれば、どんな事故になるかわからない。

しかし、現実には、グライダー能力が圧倒的で、飛行機能力はまるでなし、という〝優秀な〟人間がたくさんいることもたしかで、しかも、そういう人も〝翔べる〟という評価を受けているのである。

学校はグライダー人間をつくるには適しているが、飛行機人間を育てる努力はほんのすこししかしていない。学校教育が整備されてきたということは、ますますグライダー人間をふやす結果になった。お互いに似たようなグライダー人間になると、グライダーの欠点を忘れてしまう。知的、知的と言っていれば、翔んでいるように錯覚する。

われわれは、花を見て、枝葉を見ない。かりに枝葉は見ても、幹には目を向けない。まして根のことは考えようともしない。とかく花という結果のみに目をうばわれて、根幹に思い及ばない。

聞くところによると、植物は地上に見えている部分と地下にかくれた根とは形もほぼ同形でシンメトリーをなしているという。花が咲くのも地下の大きな組織があるからこそだ。

知識も人間という木の咲かせた花である。美しいからといって花だけを切ってきて、花瓶にさしておいても、すぐ散ってしまう。花が自分のものになったのでないことはこれひとつ見てもわかる。

明治以来、日本の知識人は欧米で咲いた花をせっせととり入れてきた。中には根まわしをして、根ごと移そうとした試みもないではなかったが、多くは花の咲いている枝を切ってもってきたにすぎない。これではこちらで同じ花を咲かせることは難しい。翻訳文化が不毛であると言われなくてはならなかったわけである。根のことを考えるべきだった。それを怠っては自前の花を咲かすことは不可能である。もっとも、これまでは、切り花をもってきた方が便利だったのかもしれない。それなら、グライダー人間の方が重宝である。命じられるままについて行きさえすれば知識人になれた。へたに自発力があるのは厄介である。

指導者がいて、目標がはっきりしているところではグライダー能力が高く評価されるけれども、新しい文化の創造には飛行機能力が不可欠である。それを学校教育はむしろ抑圧してきた。急にそれをのばそうとすれば、さまざまな困難がともなう。

他方、現代は情報の社会である。グライダー人間をすっかりやめてしまうわけにも行かない。それなら、グライダーにエンジンを搭載するにはどうしたらいいのか。学校も社会もそれを考える必要がある。

この本では、グライダー兼飛行機のような人間となるには、どういうことを心がければよいかを考えたい。

グライダー専業では安心していられないのは、コンピューターという飛び抜けて優秀なグライダー能力のもち主があらわれたからである。自分で翔べない人間はコンピューターに仕事をうばわれる。

不幸な逆説

学校がグライダー訓練所のようになってしまうのも、考えてみれば、やむを得ないことかもしれない。小学校へ入るこどもは、まだ、勉強がよくわかっていない。ものを知りたい気持はあるけれども、どうしたら知識が得られるか、見当もつかない。

とにかく、先生に言われるように勉強しなさい、となる。ひっぱるものがあるから、動き出す。自分で動くのではない。受身だ。

本来の学習がそうであってはいけないのはわかり切っているけれども、制度としての学校ができてしまうと、各人の自発的な学習意欲を待っているわけには行かない。就学年齢がきまっている。そのときいっせいに学習への準備ができているはずはないけれども、ひっぱるのには、いっせいでないと不便だ。ひっぱられる方は、なぜ、ひっぱられているのかよくわからないままひっぱられる。

このはじめの習慣は学校にいる間中ずっとついてまわる。強化されこそすれ、弱まることはない。そればかりか、社会へ出てからも、勉強とは、教える人がいて、読む本があるもの、と思い込んでいる。

学校の最優等生が、かならずしも社会で成功するとは限らないのも、グライダー能力にすぐれていても、本当の飛翔ができるのではない証拠になる。学校はどうしても教師の言うことをよくきくグライダーに好意をもつ。勝手な方を向いたり、ひっぱられても動こうとしないのは欠陥あり、ときめつける。

教育は学校で始まったのではない。いわゆる学校のない時代でも教育は行なわれていた。ただ、グライダー教育ではいけないのは早く気がついていたらしい。教育を受けようとする側の心構えも違った。なんとしても学問をしたいという積極性がなくては話にならない。意欲のないものまでも教えるほど世の中が教育に関心をもっていなかったからである。

そういう熱心な学習者を迎えた教育機関、昔の塾や道場はどうしたか。

入門しても、すぐ教えるようなことはしない。むしろ、教えるのを拒む。剣の修業をしようと思っている若ものに、毎日、薪を割ったり、水をくませたり、ときには子守りまでさせる。なぜ教えてくれないのか、当然、不満をいだく。これが実は学習意欲を高める役をする。そのことをかつての教育者は心得ていた。あえて教え惜しみをする。じらせておいてから、やっと教える。といって、すぐにすべてを教え込むのではない。本当のところはなかなか教えない。いかにも陰湿のようだが、結局、それが教わる側のためになる。それを経験で知っていた。

頭だけで学ぶのではない。体で覚える。しかし、ことばではなかなか教えてもらえない。名人の師匠はその道の奥義をきわめているけれども、はじめからそれを教えるようではその奥義はすぐ崩れてしまう。売家と唐様で書く三代目、というのとどこか似ている。

秘術は秘す。いくら愛弟子にでもかくそうとする。弟子の方では教えてもらうことはあきらめて、なんとか師匠のもてるものを盗みとろうと考える。ここが昔の教育のねらいである。学ぼうとしているものに、惜気なく教えるのが決して賢明でないことを知っていたのである。免許皆伝は、ごく少数のかぎられた人にしかなされない。

師匠の教えようとしないものを奪いとろうと心掛けた門人は、いつのまにか、自分で新しい知識、情報を習得する力をもつようになっている。いつしかグライダーを卒業して、飛行機人間になって免許皆伝を受ける。伝統芸能、学問がつよい因習をもちながら、なお、個性を出しうる余地があるのは、こういう伝承の方式の中に秘密があったと考えられる。

昔の人は、こうして受動的に流れやすい学習を積極的にすることに成功していた。グライダーを飛行機に転換させる知恵である。

それに比べると、いまの学校は、教える側が積極的でありすぎる。親切でありすぎる。何が何でも教えてしまおうとする。それが見えているだけに、学習者は、ただじっとして口さえあけていれば、ほしいものを口へはこんでもらえるといった依存心を育てる。学校が熱心になればなるほど、また、知識を与えるのに有能であればあるほど、学習者を受身にする。本当の教育には失敗するという皮肉なことになる。

そこで、おそまきながら、詰め込み教育への反省がおこる。グライダー訓練の弊害が注意されるようになったのである。詰め込みがいけないのではない。意欲をそぐ詰め込みが悪いのである。勉強したい気持がつよければ、いくらでも知識を歓迎し、いくらでも詰め込んでもらいたいと願うであろう。逆に拒否反応を示している学習者にとっては、ほんのすこしのことでも、こんなに押しつけられてはたまらないと反発する。

かつて、漢文の素読《そどく》が行なわれた。ろくに字も読めないような幼いこどもに、四書五経《ししょごきょう》といった、最高度の古典を読ませる。読ませるというのは正確ではない。声を出して朗誦するだけである。先生は意味をご存知だが、習うこどもには、チンプンカンプン、何のことかさっぱりわからない。

しかし、漢文の素読では、意味を教えないのが普通で、だからこそ、素読というわけである。いくらこどもでも、ことばである以上どういうことか、意味が気にならないわけがない。しかし、教えてもらえないのだから、しかたがない。我慢する。その間に、早く意味もわかるようになりたいと思う心がつのる。教えないことが、かえっていい教育になっているのである。

いまのことばの教育は、はじめから、意味をおしつける。疑問をいだく、つまり、好奇心をはたらかせる前に、教えてしまう。意味だけではない、文章を書いた作者についてもあらかじめ、こまごましたことを教えようとする。宮沢賢治はどういう信仰をもっていたかといったことをいまの高校生は教えられる。それが幸福かどうかははなはだ疑わしい。親切がすぎて、アダになっている。

昔、素読をつけられたこどもたちで、孔子や孟子の伝記を知らなくてはいけないなどと言われることはなかった。

いまの学校教育では、グライダー能力はつけられても、飛行機能力をつけにくいことはすでにくりかえしのべてきた通りである。それにもかかわらず実際には、グライダーを飛行機と誤解する。試験の答案にいい点をとると、それだけで、飛翔力ありと早合点してしまう。これがいかに多くの混乱を招いているかしれない。

考える、ということで、まず、頭に浮かぶのは数学である。与えられた問題の答を出す。これは文章を読んで、その中から知識、情報を引き出すのに比べると、いかにも自発、積極的のように見える。

おおざっぱに言うと、知る活動は、学校の国語科を中心とする読む学習にかかわり、考える活動は、数学を中心とした学習と関係するように考えられている。

数学は思考力をつけるというけれども、問題を与えられて、解答を出すのは、まだまだ受動的である。問題という枠の中でこそ積極的ではあるが、問題そのものは他から与えられたもので、自分で考え出したのではない。学校の数学は、いつも、はじめに問題ありき、である。自分で問題をつくり、それを解くという数学は、普通、ついに一度も経験することなくして終る。

ギリシャ人が人類史上もっとも輝しい文化の基礎を築き得たのも、かれらにすぐれた問題作成の力があり、〝なぜ〟を問うことができたからだといわれる。飛行機能力がすばらしかったのである。

文化が複雑になってくると、自由に飛びまわることが難しくなる。学校がどんどんグライダーを社会へ送り出すから、グライダーがあふれる。飛行機はグライダーにとって迷惑な存在である。創造性がやかましく言われ出したのは、わずかながら、これではいけないという反省が生れつつあるのを物語っているとしてよかろう。ただ、まだ、本当の創造の方法はほとんど考えられていない。

朝飯前

人間はいつからこんなに夜行性をつよめたのであろうか。もちろん昼間働くのが常態であるが、こと、知的活動になると、夜ときめてしまう。灯下親しむの候、などということばは電灯などのない昔から、読書は夜するものという考えがあったことを示している。

そして、いつのまにか、夜の信仰とも言うべきものをつくりあげてしまった。現代の若ものも当然のように宵っ張りの朝寝坊になって、勉強は夜でなくてはできないものと、思いこんでいる。朝早く起きるなどと言えば、老人くさい、と笑われる始末である。

夜考えることと、朝考えることとは、同じ人間でも、かなり違っているのではないか、ということを何年か前に気づいた。朝の考えは夜の考えとはなぜ同じではないのか。考えてみると、おもしろい問題である。

夜、寝る前に書いた手紙を、朝、目をさましてから、読み返してみると、どうしてこんなことを書いてしまったのか、とわれながら不思議である。

外国で出た手紙の心得を書いた本に、感情的になって書いた手紙は、かならず、一晩そのままにしておいて、翌日、読み返してから投函せよ。一晩たってみると、そのまま出すのがためらわれることがすくなくない。そういう注意があった。現実的な知恵である。

それに、どうも朝の頭の方が、夜の頭よりも、優秀であるらしい。夜、さんざんてこずって、うまく行かなかった仕事があるとする。これはダメ。明日の朝にしよう、と思う。心のどこかで、「きょうできることをあすに延ばすな」ということわざが頭をかすめる。それをおさえて寝てしまう。

朝になって、もう一度、挑んでみる。すると、どうだ。ゆうべはあんなに手におえなかった問題が、するすると片づいてしまうではないか。昨夜のことがまるで夢のようである。

はじめのうちは、そういうことがあっても、偶然だと思っていた。夜の信者だったからであろう。やがて、これはおかしいと考えるようになった。偶然にしては同じことがあまりにも多すぎる。おそまきながら、朝と夜とでは、同じ人間でありながら、人が違うことを思い知らされたというわけである。

〝朝飯前〟ということばがある。手もとの辞書をひくと、「朝の食事をする前。『そんな事は朝飯前だ』〔＝朝食前にも出来るほど、簡単だ〕」(『新明解国語辞典』)とある。いまの用法はこの通りだろうが、もとはすこし違っていたのではないか、と疑い出した。

簡単なことだから、朝飯前なのではなく、朝の食事の前にするために、本来は、決して簡単でもなんでもないことが、さっさとできてしまい、いかにも簡単そうに見える。知らない人間が、それを朝飯前と呼んだというのではあるまいか。どんなことでも、朝飯前にすれば、さっさと片付く。朝の頭はそれだけ能率がいい。

おもしろいことに、朝の頭は楽天的であるらしい。前の晩に仕上げた文章があって、とてもこれではいけない。明日になってもう一度、書き直しをしよう、などと思って寝る。一夜明けて、さっぱりした頭で読み返してみると、まんざらでもないという気がしてくる。これでよいことにしようと考えなおす。

感情的になって書いた手紙は、朝の頭で再考すると、落第するけれども、すべてを拒むわけではない。いいところがあれば、素直に認める大らかさもある。

そういうことが何度もあって、それまでの夜型の生活を朝型に切りかえることにした。四十歳くらいのときである。まだ、それほどの年ではないが、老人がたいてい、いつのまにか朝型になっている。あんな夜型だったのにと思う人までが、朝のうちでないと仕事ができないと言うのをきいたこともある。

朝の仕事が自然なのである。朝飯前の仕事こそ、本道を行くもので、夜、灯をつけてする仕事は自然にさからっているのだ。

若いうちこそ、粋がって、その無理をあえてする。また、それだけの体力もある。ところが年をとってくると、無理がきかなくなり、自然に帰る。朝早く目がさめて困るというようになる。

それで、まだそれほどの年でもないうちに、老人を見倣おうと思って、夜していた仕事を朝へまわすことにした。と言って、そんなに早起きのできるわけがない。ゆっくり起きるから、朝飯前の仕事などなかなか望むべくもない。これは何とかしなくてはいけないと考えた。

英雄的早起きはできないが、朝のうちに、できることなら、朝飯前になるべくたくさんのことをしてしまいたい。それにはどうしたらいいのか。答は簡単である。

朝食を抜けばいい。

八時におきて、八時半に食事をしていたのでは、朝飯前の仕事など絵にかいた餅。朝食をしなければ、八時におきて、すぐ、仕事を始められる。朝食抜きというのは当らない。ひるまでおくらせる。朝食と昼食とを同時にとると言った方がおだやかである。これが決して異常なことでないのはブランチ（brunch 昼食兼用のおそい朝食。*breakfast* + *lunch*）ということばがあるのでもわかる。

　こうすれば、ひるまではすべて朝飯前の時間、そこですることはすべて、朝飯前ということになって、はなはだ都合がよろしい。

　だいたい、胃袋に何か入れたあとすぐ、頭を使うのはよくない。消化のために血液がとられて、頭はぼーっとする。それが当り前で、学校の生徒が、午後の授業で睡魔《すいま》に襲われるのは健康な証拠である。ああいう時間に勉強させようというのがそもそも間違っている。

　猛獣の訓練をするのは、空腹のときに限るのだそうだ。腹がふくれたら、どんなことをしても動くものではない。動物は人間よりも自然の理に忠実なのである。人間は意志を働かせて、無理をする。眠くなっても眠るまいとする。

　ときにはそういうことも必要であろうが、そうそういつもしていてはいけない。食後はゆっくり休む。そのかわり、食前はすべてを忘れて仕事に神経を集中させる。これには午前中をすべて朝飯前にするのがよろしい。八時に起きても四時間ある。その間に、その日の仕事をすませてしまう。

わたくしはそういうことを続けて、ほぼ二十年になる。

そのうちに、もうひとつの手を考えた。朝食兼昼食をゆっくりとると、そこで、ひと眠りする。外で用事のあるときは、そうも行かないが、一日自由になる日は、寝る。その辺でゴロ寝、というのではない。ふとんをしいて、本格的に寝てしまう。

やがて目がさめる。いったい、いまは何時だろう。ずいぶんけさは寝坊してしまって……と、一瞬、ひるさがりを朝と取り違えるようであれば、たいへん効果的である。それをもって、〝自分だけの朝〟とするのである。

顔を洗って、歯をみがく朝の儀式をすれば、陽がどの高さにあるかなどは問題でなくなり、ここで新しい一日が始まる。

しかし、〝朝食〟はとらない。夕方に、〝朝食〟と夕食を兼ねたご馳走を食べる。それまでの時間はすべてこれ、朝飯前の時間である。こうすれば、一日に二度、朝飯前の時間ができる。つまり、一日が二日になる。実際、こうして、午後の三時か三時半ごろから、夕方の六時、七時までの時間も、かなりよく頭が働いてくれる。

ものを考えるのに、時間を選ぶことはないと思っている人がすくなくないけれども、ものを食べたあとがよろしくないのははっきりしている。体の疲れたときも適当でない。

だとすると、寝て疲れをとったあと、腹になにも入っていない、朝のうちが最高の時間であることは容易に理解される。いかにして、朝飯前の時間を長くするか。

II

醱酵

前にもふれたが、卒業論文を書く学生が相談にくる。というより、何とかしてほしい、とすがってくるのである。

何を書くも自由、となっているのに、何を書いたらいいのか、わからない。何を書けばいいのか、教えてほしい、と言ってくる。こうしなさい、と命じられると、反発して、そんなことしたくない、とごねるくせに、ご随意にどうぞ、とやられると、とたんに、途方にくれる。皮肉なものだ。

毎年のように、わたくしは何を書けばいいのでしょう？　といってあらわれる学生と付き合っているうちに、自分でテーマをつかむ方法のようなものを教えなくてはなるまいと考えるようになった。

論文のテーマを他人からあてがわれては、自分の論文とは言えない。それでは、自分でテーマを設定するにはどうしたらいいか。

それを思い切って教室で、学生に話したことがある。そのうちに、そういうことをするのが気恥しくなったこともあって、やがてやめてしまった。ここでは、もう一度、恥をさらすのを覚悟で、我流のテーマの絞り方を披露してみる。かつて学生に話したのも、これと大同小異である。

文学研究ならば、まず、作品を読む。評論や批評から入って行くと、他人の先入主にとらわれてものを見るようになる。

読んでいくと、感心するところ、違和感をいだくところ、わからない部分などが出てくる。これを書き抜く。くりかえし心打たれるところがあれば、それは重要である。わからない謎のような箇所が再三あらわれれば、それも注意を要する。

こういう部分が、素材である。ただ、これだけではどうにもならない。ビールをつくるのに、麦がいくらたくさんあっても、それだけではビールはできないと同じことである。

これに、ちょっとしたアイディア、ヒントがほしい。それは作品の中に求めるわけには行かないが、どこときまっているわけでもない。ときには週刊誌を読んでいても、参考になることにぶつかることがある。他人と雑談していて、思いもかけないヒントが浮んでくることもある。読書、テレビ、新聞など、どこにどういうおもしろいアイディアがひそんでいるか知れない。

このヒント、アイディアがビール作りなら醱酵素に当る。学生で、ただ作品をこつこつ読んでいるだけという勉強家がいるが、これではいつまでたっても、テーマはできない。論文も生れない。

アルコールに変化させるきっかけになるものを加えてやる必要がある。これは素材の麦と同類のものではいけない。異質なところからもってくるのである。

大きな発見が、ときに、霊感によってなしとげられるように伝えられるのも、この酵素が思いもかけないところから得られたのを第三者が驚異をもってながめるときの印象であろう。テーマ、おもしろいテーマを得るには、このヒントが秀抜でないといけないが、それが、なかなか思ったところにころがっていないから苦労する。

しかし、いくら苦労でも、酵素を加えなくては麦はアルコールになってくれない。

それでは、アイディアと素材さえあれば、すぐ醱酵するか、ビールができるのか、というと、そうではない。

これをしばらくそっとしておく必要がある。次の章でのべることになるが、〝寝させる〟のである。ここで素材と酵素の化学反応が進行する。どんなにいい素材といかにすぐれた酵素とが揃っていても、いっしょにしたらすぐアルコールになるということはあり得ない。

頭の中の醸造所で、時間をかける。あまり騒ぎ立ててはいけない。しばらく忘れるのである。〝見つめるナベは煮えない〟。

ここでひとつ、具体的な事例をあげよう。これは、十数年前に、わたくしが、異本論という考えをもったときのことである。

シェイクスピアというような世界的大文豪でさえも、在世中から、そうであったわけではない。亡くなった直後からすでに偉大だと見られてはいたが、なお、神格化はされていなかった。それから傾向としてはすこしずつ評価は上昇しているが、それでも、時代によって、小さな浮沈はある。

こういうことはシェイクスピアに限ることではない。源氏物語だって似たことが起っている。どうして、作品は変らないのに、評価が浮動するのか。こういう疑問をもつようになった。これがビールの麦である。

しばらく、扱いかねていたが、あるとき、諸説紛々の解釈のある文章や詩歌の意味はその諸説のうちの一つではなくて、諸説のすべてを含んだものなのではないかと言っている批評家（ウィリアム・エンプソン）を見つけた。人間はめいめい自分の解釈をつくろうとしている。つくらずにはいられない存在であるらしい。

それとほぼ時を同じくして、デマがどうして伝播していくかという心理に興味をもった。ここでも、尾ヒレをつけずに話を右から左へ移すことはできない本能が人間にはあるのではないかと考えた。

この二つがヒントになった。酵素である。素材といっしょにして、どれくらいか、はっきり記憶していないけれども、二年か三年はそっとしておいたら、人間は、正本に対して、つねに異本をつくろうとする。Aのものを読んで、理解したとする。その結果は決してAではなく、A'、つまり異本になっている。文学がおもしろいのはこの異本を許容しているからである。六法全書を読んでも、小説のようにおもしろくないのは、法律では異本をほんのすこししか許さないためだ(法律でも、解釈をめぐって議論があるのは、異本がまったくないわけではないことを物語っている)。

そうして、「異本論」というエッセイを書いた。わたくしにとってのひとつのビールだったのである。

こういうビール作りになぞらえた論文のテーマの話をすると、学生が質問する。どれくらい寝させておけば、醱酵するのか、というのである。

これが一律には行かないところが、ビール作りとは違うところで、ビールは一定の時間寝させておけばいいが、頭のアルコール作りは、ひとによって、また、同じ人間でも、場合によって、醱酵までに要する時間が違っている。

しかし、もうよろしい、醱酵が始まったとなれば、それを見すごすことは、まずないから安心してよい。自然に、頭の中で動き出す。おりにふれて思い出される。それを考えていると胸がわくわくしてきて、心楽しくなる。そうなればすでにアルコールの醱酵作用があらわれているのである。

フランスの文豪、バルザックは、こうして醱酵したテーマについて、おもしろいことを言った。

〝熟したテーマは、向うからやってくる〟

というのである。労せずして、テーマが得られる。向うからやってくるというわけだ。

それでも、予定ということがある。あらかじめ見当もつけたい。そのためには、素材と酵素のヒントを混合した日付をメモに記入しておく。そして、向うからテーマがやってくるようになった日付を記入する。その差が寝させるのに必要だった時間ということになる。

くりかえし、くりかえし、同じようなことをしていると、だいたい、どれくらいすれば醱酵が始まるか、見当もつき、心づもりをすることができるようになる。論文を書くときに、その予定が立てられるとたいへん好都合だが、初めてのことでは当てにすることは難しい。やはり、神だのみになってしまうことが多い。

寝させる

イギリス十九世紀の小説家にウォルター・スコットという人がいる。すぐれた歴史小説を書いて、文学史上、有名である。

このスコットは寝て考えるタイプであったようだ。やっかいな問題がおこる。どうしたらいいだろう、などという話になると、彼はきまってこう言ったものだ、という。

「いや、くよくよすることはないさ。明日の朝、七時には解決しているよ」。

いまここで議論するより、ひと晩寝て、目をさましてみれば、自然に、おちつくところへおちついている、ということを経験で知っていたからであろう。

朝の頭を信頼し、朝の思想に期待していたことになるが、これは何もスコットに限ったことではなさそうである。その証拠に、英語には「一晩寝て考える」(sleep over) という成句もある。朝になって浮ぶ考えがすぐれていることを、多くの人々が知っていたのだと思われる。

ガウスという大数学者がいた。ある発見をした記録の表紙に〝一八三五年一月二十三日、朝七時、起床前に発見〟などと書き入れた。「一晩寝て考えた」あるいは「いく晩も寝て考えた」ことが、朝になっておどり出たのであろうか。ヘルムホルツも大科学者であったが、朝、目をさますと、そのとたんにすばらしい考えが浮んだ、と語っているそうだ。

このような例を見てくると、発見は朝を好むらしい、ことがわかる。

〝三上〟という語がある。その昔、中国に欧陽修《おうようしゅう》という人が、文章を作るときに、すぐれた考えがよく浮ぶ三つの場所として、馬上、枕上《ちんじょう》、厠上《しじょう》をあげた。これが三上である。この枕上というのは、普通は、夜、床に入ってからの時間のように考えられるが、そうではなく、朝、目をさましてから、起き上がるまでの時間とれば、スコットも、ガウスも、ヘルムホルツも、枕上の実践家だったことになる。

だいたい、夜、寝る前に、あまり深刻なことを考えるのはよくない。寝つきを妨げる。眠ろうとすると、かえって、あとからあとからいろいろなことが頭に浮んでくる。こういうときに、妙案があらわれるのは難しい。

寝る前には、あまり、おもしろい本を読むのも考えものである。いつまでも刺激が尾を引く。心が高ぶって、寝つきが悪い。おそくなってから、コーヒーや紅茶を飲むのはいけないのは知っているのに、興奮するような本を平気で読んでいる人がいる。なるべく、頭を騒がせないことだ。そして、朝を待つ。

枕上も、夜の時間ではなく、朝の枕上だと解したい。われわれの多くは、この朝のひとときをほとんど活用しないでいるのではあるまいか。いやしくも、ものを考えようとするのであれば、目をさましてから、床を離れるまでの時間は聖なる思いに心をこらすことを心掛けるべきであろう。

そのためには、タネがいる。ぼんやりしていたのでは、何も生れない。考えごとがあるから、着想が出てくる。

どうして、「一晩寝て」からいい考えが浮ぶのか、よくわからない。ただ、どうやら、問題から答が出るまでには時間がかかるということらしい。その間、ずっと考え続けていてはかえってよろしくない。しばらくそっとしておく。すると、考えが凝固する。それには夜寝ている時間がいいのであろう。

よく、〝朝から晩まで、ずっと考え続けた〟というようなことを言う人がある。いかにもよく考えたようだが、その実は、すっきりした見方ができなくなってしまっていることが多い。こだわりができる。大局を見失って、枝葉に走って混乱することになりかねない。

　前にも引き合いに出したが、外国に、

〝見つめるナベは煮えない〟

ということわざがある。早く煮えないか、早く煮えないか、とたえずナベのフタをとっていては、いつまでたっても煮えない。あまり注意しすぎては、かえって、結果がよろしくない。しばらくは放っておく時間が必要だということを教えたものである。

　考えるときも同じことが言えそうだ。あまり考えつめては、問題の方がひっこんでしまう。出るべき芽も出られない。一晩寝てからだと、ナベの中はほどよく煮えているというのであろう。枕上の妙、ここにありというわけである。

　ことと次第によっては、一晩では、短かすぎる場合がある。大きな問題なら、むしろ、長い間、寝させておかないと、解決に至らない。考え出して、すぐ答の出るようなものは、たいした問題ではないのである。本当の大問題は、長い間、心の中であたためておかないと、形をなさない。

　W・W・ロストウはアメリカの経済学者で、ケネディ大統領の経済顧問として世界的に知られた人で、その『経済伸長論』は画期的な学説として高く評価された。その序論を読むとこの問題にはじめて関心をいだいたのは、ハーバードの学生としてであったと、書いてある。それから何十年もの歳月が流れている。忙しかったから、まとめるのが遅れたなどということではない。いつも、心にはあった。あたためていたのである。それがようやく、卵からかえったのである。こういうように、大問題はヒナにかえるまでに、長い歳月のかかることがある。

ロストウにしても、この理論にだけかかわっていたのではなかろう。ほかのことを考えることもあったに違いない。それは、怠けていたのではない。時間を与えていたのである。〝見つめるナベ〟にしていたら、案外、途中で興味を失ってしまっていたかもしれない。

このごろはすくなくなったが、昔は、ひとつの小さな特殊問題を専心研究するという篤学の人がよくいたものである。わき目もふらず、ひとつのことに打ち込む。研究者にとって王道を歩んでいるようだが、その割には効果のあがらないことがしばしばである。

やはり、ナベを見つめすぎるからであろう。ナベにも煮えるのに自由な時間を与えなくてはいけない。あたため、寝させる必要がある。思考の整理法としては、寝させるほど大切なことはない。思考を生み出すのにも、寝させるのが必須である。

○4○

作家にとってもっともよい素材は幼少年時代の経験であると言われる。幼いころのことをもとにして書かれた、幼年物語、少年物語、そういう名はついていなくても、そういう性格の作品が、すぐれていない作家は凡庸であるとしてよい。なぜ、作家の幼年、少年物語にすぐれたものが多いのか。素材が充分、寝させてあるからだろう。結晶になっているからである。余計なものは時の流れに洗われて風化してしまっている。長い間、心の中であたためられていたものには不思議な力がある。寝させていたテーマは、目をさますと、たいへんな活動をする。なにごともむやみと急いではいけない。人間には意志の力だけではどうにもならないことがある。それは時間が自然のうちに、意識を超えたところで、おちつくところへおちつかせてくれるのである。

努力をすれば、どんなことでも成就するように考えるのは思い上がりである。努力しても、できないことがある。それには、時間をかけるしか手がない。幸運は寝て待つのが賢明である。ときとして、一夜漬のようにさっとでき上がることもあれば、何十年という沈潜ののちに、はじめて、形をととのえるということもある。いずれにしても、こういう無意識の時間を使って、考えを生み出すということに、われわれはもっと関心をいだくべきである。

カクテル

頭の中の酒をつくるには、どうするか、については、すでにのべた。そこから生れるものが、自分の思考であって、まざりものがない。すくなくとも、他からの混入のあとは残っていない。独創である。

こういう考え、着想をもつと、どうしても、独善的になるものらしい。ほかの考えはすべてダメなもの、間違っていると感じられてくる。自信をもつというのはいいが、行きすぎれば、やはり危険である。ひとつだけ信じ込むと、ほかのものが見えなくなってしまう。

アメリカの女流作家、ウィラ・キャザーが、

「ひとりでは多すぎる。ひとりでは、すべてを奪ってしまう」

ということを書いている。ここの「ひとり」とは恋人のこと。相手がひとりしかいないと、ほかが見えなくなって、すべての秩序を崩してしまう、というのである。

着想、思考についても、ほぼ、同じことが言える。「ひとつだけでは、多すぎる。ひとつでは、すべてを奪ってしまう」。

この一筋につらなる、ということばがある。いかにも純一、ひたむきで、はた目にも美しい生き方のようであるけれども、かならずしも豊饒な実りを約束するとはかぎらない。いくつかの筋とそれぞれにかかわりをもって生きてこそ、やがて網がしぼられ、ライフワークのような収穫期を迎えることができる。

論文を書こうとしている学生に言うことにしている。

「テーマはひとつでは多すぎる。すくなくとも、二つ、できれば、三つもって、スタートしてほしい」。

きいた方では、なぜ、ひとつでは「多すぎる」のかぴんと来ないらしいが、そんなことはわかるときになれば、わかる。わからぬときにいくら説明しても無駄である。

ひとつだけだと、見つめたナベのようになる。これがうまく行かないと、あとがない。こだわりができる。妙に力《りき》む。頭の働きものびのびしない。ところが、もし、これがいけなくとも、代りがあるさ、と思っていると、気が楽だ。テーマ同士を競争させる。いちばん伸びそうなものにする。さて、どれがいいか、そんな風に考えると、テーマの方から近づいてくる。「ひとつだけでは、多すぎる」のである。

自分だけを特別視するのは思い上がりである。ほかに優れたものはいくらでもある。小さな独創にかまけて、これを宇宙大と錯覚、先人の業績が目に入らなくなってはことである。ものを考える人間は、自信をもちながら、なお、あくまで、謙虚でなくてはならない。

いまかりに醸造法によって自分の思考を生み出したとする。これを、そのままにしておくこともできるが、同じようなことを考えた人がこれまでなかったかどうか、調べるのは当然のことである。似た、あるいは同種の〝酒〟が偶然にしても、すでに存在するならば、あとからの〝酒〟がいくら、これは独創だと声を大にしてみても、客観的には、発見とはならない。プライオリティ（優先権）がものを言うからである。だいたいこれまで似たことがまったく考えられなかったというようなのは、ごくまれにしか起らない。

たとえば、ある作家の女性の描き方について、ある独自の見方をする研究者がいたとする。自分の考えがまとまって、それを独創的だと自信をもったら、関係のある先行研究があるかどうかを検討する。

かりに、Ａ、Ｂ、Ｃ、Ｄの四つの説がすでに存在するとする。本人の思いついた考えＸはこれらのどれとも違っているけれども、しいて言えば、Ｂ説に近いとしよう。

ここでもっとも誘惑的な方法は、Ｂを援用しながら、したがって、Ａ、Ｃ、Ｄを否定しながら、自説Ｘを展開するやり方であろう。へたに、Ａ、Ｃ、Ｄを混合すると、Ｘの影がうすくなる心配がある。

もうひとつは、女性の描き方、という題目だけをとらえて、それをテーマだと自分に言いきかせ、ＡからＤまでの先行研究をさがし出してくる。そして、これだけをもとにして、論文をまとめようとする方法である。ここでは自分の地酒Ｘはできていない。まるで他人の酒で勝負する。

Ａ、Ｂ、Ｃ、Ｄをまぜ合わせれば、カクテルのようになるであろうが、こういうバーテンダーに本当のカクテルができるわけがない。ちゃんぽん酒である。カクテルもどき、でしかない。

これまで、わが国の人文系の学問において、いかに、このカクテルもどきが多かったことか。ある口の悪い人は、脚註からさきに論文ができて行く、と言った。混合する酒を仕入れてくることが先決。それぞれ使えるところを抜き出す。これは立論の柱になるものだから、まず、整理される。論文そのものは、それに適当に肉づけしてでき上がるという寸法になる。

諸説を集大成し、よく整理してあれば、後人の便利にはなる。ただ、これを論文と呼ぶのには問題がある。研究史ともいうべきものはせいぜい啓蒙的意義しか存在しない。それを学問的に価値の高い仕事のように誤解してきたところから、いたずらに資料をあさり、埋没しているものを発掘するのを、生きがいにするような、歪んだ文献的研究の発達を見るようになった。

ものを考え、新しい思考を生み出す第一の条件は、あくまで独創である。自分の頭で考え出した、他の追随を許さない（とすくなくとも本人の自負する）着想が必要である。ただ、それを振りまわしていては説得力はない。せっかくのアイディアも悪いドグマに見える。

そこで、さきのように、諸説を照合する。A、B、C、Dのうち、BがXにもっとも近いからといって、XBという論をつくってはやはり、我田引水の感はいなめない。AもCもDも、それぞれ適度に参照しながら、新しい調和を考える。これによって独創はやせた線のようなものでなくなり、ふっくらした幹になる。訓詁《くんこ》の学問というのがある。字句の意味の解釈を旨とする学問である。古典について古来、難解とされる箇所には、おびただしい異説が出る。それらを集めた集註版というものもある。

　近年にいたるまで、訓詁学者は、そういう諸説紛々という難所では、もっとも自説に近いものをひとつ採って、これを定説化しようとした。それほどはっきりした自説のない場合は、何となく好ましく感じられるものを選び、あとは却下、否定する。そういうのが一般的であった。

　ところで、今世紀になって、こういう諸説はいずれも、それぞれ必然性をもって生じたものである。完全に否定し去るのは当を得ない。すべてを包括する観点に立つべきである――という新訓詁学的見解があらわれた。さきに名をあげた、ウィリアム・エンプソンがそうである。シェイクスピア『ハムレット』の例の独白「ながろうべきか、ながろうべからざるか」のせりふにも古来おびただしい解釈の説がある。そのどれが正しいのか、というのではなく、そのすべてを含んだ世界がこのせりふの意味であると、新しい訓詁は考えた。

　思考、着想についても同じことが言える。同じ問題について、AからDまでの説があるとする。自分が新しくX説を得たとして、これだけを尊しとして、他をすべてなで切りにしてしまっては、蛮勇に堕しやすい。Xにもっとも近いBだけを肯定しようとするのも、なお我田引水のうらみなしとしない。AからDまでとXをすべて認めて、これを調和折衷させる。

こうしてできるのがカクテルもどきではない、本当のカクテル論文である。すぐれた学術論文の多くは、これである。人を酔わせながら、独断におちいらない手堅さをもっている。

エディターシップ

小説家が、いくつかの小篇を集めて短篇集を編むことがある。小説でなくても、方々に書いたエッセイなどをまとめて、本にして出版するということもよく行なわれる。

イギリスにT・S・エリオットという詩人批評家がある。二十世紀でもっとも有名な文学者のひとりであった。

このエリオットについて、

「一生に一度も本を書かなかった」

ということが言われた。もちろん、彼の名を冠した本はたくさんある。それなのに、「本を書かなかった」と言われるのは、一度発表した文章を集めた本はあるが、本を書いたのではない。書きおろしをしなかった、ということである。

日本なら、こういう例は珍しくないが、欧米では目立つことなのであろう。それだけ日本人は編集ものを好むということかもしれない。

それはともかくとして、こういう編纂《へんさん》ものではおもしろいことがおこる。ひとつひとつの文章や作品は、それほどとくに秀れているわけではないのに、まとめられると、見違えるようにりっぱになる場合である。そうかと思うと、単独に読んだときは、目を見張る思いをしたものが、まとめられて本の一部となったのを読み返してみると、さっぱり感心しない、ということもある。

全体は部分の総和にあらず、ということばを思い出す。

独立していた表現が、より大きな全体の一部となると、性格が変わる。見え方も違ってくる。前後にどういうものが並んでいるかによっても感じが大きく変わる。構成部分が同じなら、どのように並べようと、大差はない、などと考える人には、編纂本を作る資格はない。

上手に編集すれば、部分の総和よりはるかにおもしろい全体の効果が出るし、各部分もそれぞれ単独の表現だったときに比べて数等見栄えがする。そういう秘密は、ごく古い時代にすでに発見されていたに違いない。

わが国で言えば、『源氏物語』、ヨーロッパならば、『デカメロン』『カンタベリー物語』『千一夜物語』などは、いわゆる〝額縁《がくぶち》物語〟で、いくつかの短篇の物語をつなぎの額縁に入れて並べ、長大篇にしている。

この場合、ひとつひとつの〝はなし〟が作者の創作である必要はない。創作のこともあるが、流布している話を借りても一向に差支えない。作者の腕前はむしろ、何をどういう配列で並べるかというところにかかっていたと思われる。創造的才能はむしろ編集に注がれた。

いくら個々の物語がよくできていても、それを並べたものが読者の退屈するようなものであったら、長篇物語は徒労に終ってしまう。こう考えてくると、額縁物語の技法は近代における雑誌編集にきわめてよく似ていることに気付くはずである。

編集者は自分では原稿を書かない。書いてもよいが、編集者は書けるかどうかで評価されるのではない。他人の書いたものをいかにまとめるか、また、そのために、だれに何を書かせるか、ということの創造性に命をかける。

原稿を書くのを第一次的創造とするならば、原稿を新しい、より大きな全体にまとめ上げるのを第二次的創造と呼ぶことができる。各パートの楽器を奏するのを一次的とするならば、シンフォニーをつくり上げる指揮者の活動は二次的である。二次的活動が一次的活動に比べて劣るものでないことは、プロ野球の監督から、ファッションのデザイナー、映画、テレビのディレクターの役割を見てもはっきりしている。

第二次的創造の価値が認められるのは、ある程度、成熟した社会を前提とする。もし、そうだとすると、『源氏物語』や『デカメロン』の時代を古いと言って軽くあしらうことはできなくなる。

第一次的創造はクリエイションである。これを加工して新しい価値に昇華させるのは、メタ・クリエイションである。思考についても、この創造とメタ・創造の次元が存在する。カクテル式の論文は、メタ・創造によるもので、物語で言えば、『デカメロン』『源氏物語』式ということになる。

思考における思いつき、着想は、第一次的なものである。これだけで独立して意味をもつこともある。そういう場合はへたによけいなものを混じえたりしない方がよい。ところが、単独ではさほど力をもっていないようないくつかの着想があるとする。そのままにしておけば、たんなる思いつきがいくつか散乱しているに過ぎない。

それに対して、自分の着想でなくてもよい。おもしろいと思って注意して集めた知識、考えがいくつかあるとする。これをそのままノートに眠らせておくならば、いくら多くのことを知っていても、その人はただのもの知りでしかない。

〝知のエディターシップ〟、言いかえると、頭の中のカクテルを作るには、自分自身がどれくらい独創的であるかはさして問題ではない。もっている知識をいかなる組み合わせで、どういう順序に並べるかが緊要事となるのである。

方々へ書いたものを集めて本にし、短篇小説をまとめて短篇集をつくりあげることはごく普通に行なわれているのに、既存の知識を編集によって、新しい、それまでとはまったく違った価値のあるものにする〝知のエディターシップ〟が技法としても、充分自覚されていないのは不思議である。

いまかりに、ＡＢＣＤＥという五つの問題があるとする。それぞれはすでに一応、認められた考えである。これをそのままにしておけば五つが並存するにとどまる。これを集大成するには、ただ、それらをくっつければよいのではない。

どういう順序にするか。それがまず問題である。ＡＢＣＤＥの順ではまるでおもしろくないことが、ＥＤＣＢＡとしたら、一変しておもしろくなるということがある。ＥＣＤＡＢとすれば、また別の見え方をするであろう。もっともよき順序に並んだときにもっとも大きな意味を生み出す。

「詩とは、もっともよき語をもっともよき順序に置いたものである」

とのべた詩人がある。詩もことばのエディターシップによってできることになる。

次はある有名な詩人学者が洩らした創造の方法である。なにか考える。創り出そうとする。そして頭に浮んでくることを片端から、ひとつひとつカードに書きとって行く。カードがたくさんできたら、これをカルタとりのように並べる。そして、おもしろそうな順にとって行く。

こうして順序ができる。それを見直す。おもしろくないようだったら、また、カルタとりをしなおす。気に入る順列ができるまで何回でもこれをくりかえす。いよいよ、これでよしとなったら、カードを綴じ合わせる。あるいは、その順序にノリで大きな台紙に貼ってしまう。

これが、着想のエディターシップである。人を酔わせる力をもった、おもしろいと思われる表現はこうして生れる、というのである。

このようにはっきりしたやり方で組み合わせを考えることはまれであるにしても、多くの人は頭の中で似たことをしていないとは言えない。おいしいカクテルをこしらえるには、絶妙なコンビネーションをつくる感覚が求められる。料理にしても同じであろう。

一般的に言えば、ありきたりのもの同士を結び合わせても、新しいものになりにくい。一見、とうていいっしょにできないような異質な考えを結合させると、奇想天外な考えになることがある。

鬼面人をおどろかすような考えを次々生み出す人の頭は、知のエディターシップが活潑であることが多い。

触媒

詩歌などの創作は個性の表現であると、一般には考えられている。二十世紀になってそれに対して、異論を提出したのが、さきにも名を出したが、T・S・エリオットである。

エリオットは「伝統と個人の才能」で言う。詩人はつねに、自己をより価値のあるものに服従させなくてはならない。芸術の発達は不断の自己犠牲であり、不断の個性の消滅である。芸術とはこの脱個性化の過程にほかならない。

そういうことをのべたあとで、エリオットは有名なアナロジーをもち出す。「詩の創造に際して起るのは、酸素と二酸化硫黄（亜硫酸ガス）とのあるところへ、プラチナのフィラメントを入れたときに起る化学反応に似ている」、というのである。後年、この化学的知識は正確でないと言われたけれども、それはともかく、これは触媒反応といわれるものである。

どこにアナロジーが成立するかというと、触媒材であるプラチナが、化合の前後で、まったく増減、変化がないというのが、詩人の個性のはたす役割に通ずるものがある、とエリオットは考えた。

詩人は自分の感情を詩にするのだ、個性を表現するのである、という常識に対して、自分を出してはいけない、とした。個性を脱却しなくてはならないというのである。それでは、個性の役割はどうなるのか。そこで、触媒の考えが援用される。

酸素と亜硫酸ガスをいっしょにしただけでは化合はおこらない。そこへプラチナを入れると、化学反応がおこる。ところが、その結果の化合物の中にはプラチナは入っていない。プラチナは完全に中立的に、化合に立ち会い、化合をおこしただけである。

詩人の個性もこのプラチナのごとくあるべきで、それ自体を表現するのではない。その個性が立ち会わなければ決して化合しないようなものを、化合させるところで、〝個性的〟でありうる。

これは、それまでの芸術的創造の考えに一石を投ずることになり、エリオットの〝インパーソナル・セオリー〟（没個性説）と呼ばれて有名になった。

欧米では、この考え方は斬新であったけれども、われわれの国の文芸では、さして珍しいものではない。

もともと、わが国の詩歌は、主観の生の表出を嫌い、象徴的に、あるいは、比喩的に心理を表出する方法を洗練させてきた。その端的な例が俳句である。

俳句では、主観は、花鳥風月に仮託されて、間接にしかあらわれない。自然事象の結合は、俳人の主観の介在によってのみ行なわれるけれども、主観がぎらぎら表面に出ているような作品は格が低くなる。主観が積極的に作用しているのは、小さく個性的な作品を生み出す。

真にすぐれた句を生むのは、俳人の主観がいわば、受動的に働いて、あらわれるさまざまな素材が、自然に結び合うのを許す場を提供するときである。一見して、没個性的に見えるであろうこういう作品においてこそ、大きな個性が生かされる、と考える。

似たことは、すでにのべたエディターシップにおいても見られる。編集の機能を、表現する筆者と、受容する読者との手をつながせることであるとするならば、エディターシップは自分の個性や才能を縦横に発揮してケンランたる誌面をつくり出すことにあるのではない。むしろ、自分の好みなどを殺して、執筆者と読者との化合が成立するのに必要な媒介者として中立的に機能する。

第二次的創造というのは、触媒的創造のことになる。

俳句とエディターシップが思いのほか近い関係にあることは興味ぶかい。それが、また、欧米が、ようやく二十世紀になって発見した、詩における没個性説と酷似しているのもおもしろい。

一般に、ものを考えるにも、この触媒説はたいへん参考になる。新しいことを考えるのに、すべて自分の頭から絞り出せると思ってはならない。無から有を生ずるような思考などめったにおこるものではない。すでに存在するものを結びつけることによって、新しいものが生れる。

すぐれた触媒ならば、とくに結びつけようとしなくとも、自然に、既存のもの同士が化合する。それは一見、インスピレーションのように見えるかもしれない。しかし、まったく何もないところにインスピレーションがおこるとは考えられない。さまざまな知識や経験や感情がすでに存在する。そこへひとりの人間の個性が入って行く。すると、知識と知識、あるいは、感情と感情とが結合して、新しい知識、新しい感情を生み出す。

その場合、人は無心であることがのぞましい。ある数学者が、長い間、ひとつの問題にとり組んでいて、どうしてもうまい解決ができないでいた。あるとき、うとうとと居眠りした。そのあと、目をさますと、突然、謎が解けていたという。この場合も、意志の力が弱まったところで、はじめて、それまで別々になっていた考えが結合されて、発見となったのであろう。

　ものを考えるに当って、あまり、緊張しすぎてはまずい。何が何でもとあせるのも賢明ではない。むしろ、心をゆったり、自由にさせる。その方がおもしろい考えが生れやすい。さきのような意味で没個性的なのがよいのである。

　思考におけるカクテル法のことは前に紹介したが、すぐれたカクテルをつくるには、バーテンダーの主観や個性が前面に出るのは感心しない。小さな自我は抑えて、よいものとよいものとが結びつきやすくしてやって、はじめてすぐれたカクテルになる。

　カクテル法を主要な方法にする学者が、主観的になることを警戒するのは当然なことである。主観がつよくなれば、学者の精神は、触媒材ではなくて、化合の素材となってしまう。それでは創作活動になってしまう。アカデミックな仕事をする人たちはそれを怖れる。

　それだけではなく、創作にしても、エリオットのように、没個性的方法がいいのだという人があらわれてきた。頭の中で新しいものを生み出すには、創作と知

○6○

的発見とを問わず、小さな自己というものは、抑制されなくてはならないものであることが理解されるであろう。

このごろよく発想ということばが用いられる。発想がおもしろい、おもしろくないと言う。発想のもとは、個性である。それ自体がおもしろかったり、おもしろくなかったりするのではなく、それが結びつける知識・事象から生れるものがおもしろかったり、おもしろくなかったりするのである。発想の母体は触媒としての個性である。

発想が扱うものは、周知、陳腐なものであってさしつかえない。そういうありふれた素材と素材とが思いもかけない結合、化合をおこして、新しい思考を生み出す。発想の妙はそこにありというわけである。発想がこれほどまでに問題にされながら、その母体、ならびにその作用についてほとんど考えられていないのはおかしい。発想のおもしろさは、化合物のおもしろさである。元素をつくり出すことではない。

さきに、醗酵法についてのべた。いかにも無からアルコールという思考、発見を得られるように見えるかもしれないが、触媒について、このように考えてくると、醗酵法もカクテル法とあまり違わない、新しい結合による効果であることに思い至るのである。

　寝させておく、忘れる時間をつくる、というのも、主観や個性を抑えて、頭の中で自由な化合がおこる状態を準備することにほかならない。ものを考えるに当って、無心の境がもっともすぐれているのは偶然ではない。ひと晩寝て考えるのも、決して、ただ時間のばしをしているのでないことがわかる。

アナロジー

あるとき、妙なことが気になり出した。

ことばは静止しているのに、文章を読むと、意味に流れが生じる。切れ目のあることばとことばが結び合わされているのに、ひとつらなりのものとして理解される。なぜだろうか、という疑問である。

動きが感じられるのは、目を走らせるからであることがすぐわかったが、切れ目のあるものが連続した意味になるのがよくわからない。いつまでも疑問として残った。

英語のように、一語一語が分ち書きされていることばだと、切れ目はいっそうはっきりする。ところが、われわれの頭にたたみ込まれるのは、やはり、連続したことばなのである。切れ目はいつのまにか消えてしまっている。なぜであろうか。

しばらくの間、この疑問を寝かせていた。ある日、バスを降りて、郊外の通りを歩き出した。まわりは麦が青々としていたことを鮮やかに覚えている。風にのって、琴の六段の調べが聞えてきた。そのとき、ふと、これまでわからなかったことに手掛りを得たと思った。

　これが、前にものべたヒントであり、触媒である。

　琴の音は、ひとつひとつ切れている。それを離れて聞くと、いかにも連続しているようにきこえる。前の音の響きが、次の音にかぶさって、切れ目をふさぐからであろう。ことばだって同じことではないか。そう考えた。

　切れた単位の並んでいることばが、なぜ連なったものと感じられるのか、という疑問に琴の切れた音が連続してきこえる現象がヒントになった。この二つをいっしょにして、ノートに移して、寝かせておいた。

　どれくらいたったか、はっきりしたことは記憶していないが、解決の手がかりが浮んできた。

　慣性《かんせい》の法則を思いついたのである。

　動いている物体は、その運動を継続しようという傾向をもっている。それがはっきりするのは、その運動する物体を急に停止させたときである。乗りものに乗っている人は、乗りものが急停車すれば、将棋倒しのようになる。人体も、また、慣性の法則の支配を受けているからである。

この法則は物理学の世界で起っているけれども、同じことは、生理学の次元においても見られる。ものを見ていた目は、対象が消えたあとも、なお、しばらくは、それを見続けているように錯覚する。残像作用である。

この視覚の慣性を利用しているのが映画で、映画は、ひとつひとつは静止したフィルムのコマを連続映写して、動きを感じさせる。ひとコマひとコマの間には、何も写っていない空白の部分があるが、映画を見ている人は、スクリーンが白くなる瞬間のあることを意識しない。前の像の残曳が、その空白を埋めるからである。

物理学、生理学において、同じような法則が認められるならば、心理の領域においても、似たことが起っていると想像した方が妥当である。

そう思って考えてみれば、心理的残像ともいうべき現象があることに気づく。A、B、Cという互いに関係のあることが、ある間隔をおいて起ったとする。はじめのうちこそ、バラバラの三つの出来ごとと感じられているけれども、やがて、それぞれの間にある時間が消えて、つながってしまい、同じようなことが立てつづけに起ったように思われてくる。Aの残像がBにかぶさり、Bの残曳がCに及んで、三つの点であったものが、線のようになる。

ことばにおける非連続の連続化は、これらの中でも、生理的な残像にもとづく映画に似通う点がもっとも多いように思われた。

ことばのひとつひとつの単語は、映画のフィルムのひとコマひとコマに相当する。語と語の間にある切れ目、空白は、その前の語の生ずる残曳によって塗りつぶされて、意識されないものになる。フィルムを映写すると、映像が切れ切れにならないで続いて見えるのと同じ理屈である。

なお、もうひとつ注意しなくてはならない点がある。慣性にしても、残像にしても、いつまでも続くわけではない。しばらくすると消滅してしまう。ゆっくり動いている物体においては、慣性ははっきりしない。映画のフィルムもごくゆっくり映写すると、画面は明滅して、介在する空白部がスクリーン上に白く写し出され、連続感は崩れてしまう。

ことばでも、流れと動きを感じるのは、ある速度で読んでいるときに限る。難解な文章、あるいは、辞書首っぴきの外国語などでは、部分がバラバラになって、意味がとりにくい。残像が消滅してしまい、切れ目が埋められないからである。

そういうわかりにくいところを、思い切って速く読んでみると、かえって、案外、よくわかったりする。残像が生きて、部分が全体にまとまりやすくなるためであろう。

　このようにして、文章の中のことばとことばが、離れ離れになりながらも、ひと続きになるのは、残像のはたらきであるということに気付いて、長い間のわたくしの疑問は、自分では、一挙に解決したように思った。文章の非連続の連続を支えている、この残像作用のことを、修辞的残像と名づけた。文章上に起っている残像というほどの意である。

　以上、こまかく、修辞的残像の考えの生れるまでの過程をのべたのは、着想を得るまでの具体例になるかと考えたからにほかならない。

　ここで見られるのは、アナロジーである。文章における非連続の連続の謎を、映画のフィルムの類似の現象によって、説明しようとしたものである。

　両者の間に厳密な相似性があるとはかぎらないが、それでもなお、未知の問題を解決するのに当って、アナロジーの方法はきわめて有効である。

　アナロジーなどと言うから、難しそうにきこえるのだが、数学なら、中学生でも知っている方法である。疑問がある。Xとする。そのときのテーマはCである。

C：X

これだけからはXを解くことはできない。これと同じ関係にあると思われる、

$$A:B$$

をさがし出す。両者の相互関係が等しいとすると、

$$A:B=C:X$$

となる。これからXの値を求むることなら中学校で教える。比例である。

$$AX=BC \qquad \therefore \quad X=\frac{BC}{A}$$

さきの例で言うと、文章の中のことばが切れているのに意味がつながり、動きが感じられるのはなぜか、というのが、

$$C:X$$

である。これが、映画のフィルムが映画として見られる現象と、本質において同じであると、直観したときに、

$$A:B=C:X$$

の式が成立し、左辺が残像によるものであるから、

$$X=\frac{BC}{A}$$

のXは、文章上の残像作用ということになる。

われわれは日常ごく気軽にこの方法を用いている。たとえば、「あの人の行動

はまるで、マッチ・ポンプだ」といったとする。これは一方では火をつけ煽っておきながら、同時に、他方では自分でそれを消火しようとしているようなことをしたときに、こまかい説明抜きで実際をわかりやすく伝えることができる。

一般に、うまい説明や表現がないとき、〝たとえて言えば――のようなものだ〟といった形で、われわれは絶えず、アナロジーの方法を用いている。未知を解くもっともありふれた方法としてよい。

セレンディピティ

戦後しばらくのころ、アメリカで対潜水艦兵器の開発に力を入れていた。それには、まず、潜水艦の機関音をとらえる優秀な音波探知器をつくる必要があった。そういう探知器をつくろうとしていろいろ実験していると、潜水艦から出ているのではない音がきこえる。しかも、それが規則的な音響である。この音源はいったいなにか、ということになって、調べてみると、これが何と、イルカの交信であった。

それまでイルカの〝ことば〟についてはほとんど何もわかっていなかったのに、これがきっかけになって、一挙に注目をあつめる研究課題としておどり出た。もともとは、兵器の開発が目標だったはずである。それが思いもかけない偶然から、まったく別の新しい発見が導かれることになった。こういう例は、研究の上では、古くから、決して珍しくない。

科学者の間では、こういう行きがけの駄賃のようにして生れる発見、発明のこ

○7○

とを、セレンディピティと呼んでいる。ことにアメリカでは、日常会話にもしばしば出るほどになっている。自然科学の世界はともかく、わが国の知識人の間でさえ、セレンディピティということばをきくことがすくないのは、一般に創造的思考への関心が充分でないことを物語っているのかもしれない。

遠くにいる潜水艦の機関音をキャッチしようという研究から、イルカの交信音をとらえたのが、とくにすぐれたセレンディピティだというわけではないし、特筆すべきほど目立った例でもない。ただ、ここではひとつの例としてあげたまでである。発見、発明において、セレンディピティによるものはおびただしい。

ところで、このセレンディピティということばの由来が、ちょっと変わっている。十八世紀のイギリスに、「セイロンの三王子」という童話が流布していた。この三王子は、よくものをなくして、さがしものをするのだが、ねらうものはいっこうにさがし出さないのに、まったく予期していないものを掘り出す名人だった、というのである。

この童話をもとにして、文人で政治家のホレス・ウォルポールという人が、セレンディピティ（serendipity）という語を新しく造った。人造語である。

そのころ、セイロン（いまのスリランカ）はセレンディップと言われていた。セレンディピティというのは、セイロン性といったほどの意味になる。以後、目的としていなかった副次的に得られる研究成果がひろくこの語で呼ばれることになった。大げさな発見などではないけれども、セレンディピティ的現象は、日常の生活でもときどき経験する。

机の上が混乱して、いろいろなものが、さがしてもなかなか見つからなくなっているようなとき、返事をしなくてはならなかった手紙のことを思い出す。その手紙が見当らないから、あちらこちらひっくりかえしてさがすが、出てこない。すると、先日、やはり、さがして、どうしても見つからず、なくしてしまったかと思っていた万年筆がひょっこり出てくる。前によくさがしたはずなのに、なぜか目に入らなかったのである。それが、さがしてもいないときに、出てくる。これも、セレンディピティの一種である。

もうすこし心理的なセレンディピティもよく経験する。

学生なら、明日は試験という日の夜、さあ、準備の勉強をしなくてはと机に向う。すると、何でもない本が目に入る。手がのびる。開いて読み始めると、これが思いのほかおもしろい。ほんの気まぐれに開いた本である。もちろん読みふけったりしようという気持などまったくないのに、なかなかやめられない。

その本というのが、ふだんは見向きもしない堅苦しい哲学書だったりするから不思議である。ほんのちょっとと思ってのぞいた本に魅入られて、二十分、三十分と読みふけり、一夜漬の計画が大きく狂う。これに類する経験が一度もなかった、という学生生活はすくないのではないかとさえ思われる。

こういうことがきっかけになって、新しい関心の芽が出る場合もある。それならりっぱにセレンディピティである。

アナロジーという思考法も、セレンディピティとの関係で考えなおすことができる。

ことばの非連続の連続を考えていて、ものごとには、慣性の法則がはたらいているという問題に目をひらかれる。それによって、目指す問題を解こうとするのは、変形したセレンディピティであるとしてよい。

比喩とか、たとえ、というのも、対象そのものの究明をひとまずおいて、まったく違うものの関係を発見し、類推を成立させる。

中心的関心よりも、むしろ、周辺的関心の方が活潑に働くのではないかと考えさせるのが、セレンディピティ現象である。視野の中央部にあることは、もっともよく見えるはずである。ところが皮肉にも、見えているはずなのに、見えていないことがすくなくない。すでに前にも引き合いに出している〝見つめるナベは煮えない〟は、それを別の角度から言ったものである。

考えごとをしていて、テーマができても、いちずに考えつめるのは賢明でない。しばらく寝させ、あたためる必要がある、とのべた。これも、対象を正視しつづけることが思考の自由な働きをさまたげることを心得た人たちの思い付いた知恵であったに違いない。

視野の中心にありながら、見えないことがあるのに、それほどよく見えるとはかぎらない周辺部のものの方がかえって目をひく。そこで、中心部にあるテーマの解決が得られないのに、周辺部に横たわっている、予期しなかった問題が向うから飛び込んでくる。

寝させるのは、中心部においてはまずいことを、しばらくほとぼりをさまさせるために、周辺部へ移してやる意味をもっている。そうすることによって、目的の課題を、セレンディピティをおこしやすいコンテクストで包むようになる。人間は意志の力だけですべてをなしとげるのは難しい。無意識の作用に負う部分がときにはきわめて重要である。セレンディピティは、われわれにそれを教えてくれる。

昔の学生が訪ねてきて、脱線の話が実におもしろかったと言う。教師としては複雑な気持になる。かんじんな授業の方はどうなっていたのか。脱線だけしかおもしろいことがなかったように言われては人聞きも悪い。いったい、どういうクラスにいたのか、とたずねてみると、使ったテクストすらはっきりしないのである。それでいて、脱線して話したことは、あざやかに覚えているのである。

だいたい、学生というものは、授業、講義のねらいとするところには興味をもっていない。年がたてば忘れてしまうのは当然。ひょっとすると、はじめから、そもそも、頭に入っていないのかもしれない。それに比べて脱線には義務感がともなわない。本来は周辺的なところの話である。それが印象的でいつまでも忘れられないというのは、教育におけるセレンディピティである。教室は脱線を恥じるには及ばない。

それは学生のことだが、教師にとっても、脱線した話をしているうちに、それまで、一度も考え及ばなかった問題が、ひょっこり飛び出してきて、あわてて、話を停止して、ノートのはしに心覚えを書きつけるということもある。脱線がいつもそうだというのではないが、ときにはセレンディピティをもたらしてくれる。

教師も脱線を遠慮するには及ばないのである。われわれは、そういう気軽な話のうちに多くのことを自からも学び、まわりのものにも刺戟を与える。

III

情報の〝メタ〟化

われわれのまわりにあるすべての事象、現実は、自然と人為の二つに分れる。山があり、川が流れるのは、人為の加わっていない自然である。山に植林し、川に護岸工事を施したりすれば、その部分は人為であるが、山そのもの、川そのものは自然である。

この山川を描いた絵があれば、どんなにそっくりに描かれていても、これは人為である。美しいという感情をよびおこされたり、それを目的とした活動であれば、この人為のことをアート（芸術）と言う。ただし、アートは芸術にかぎらない。およそ人為の加わったものならすべてこの名で呼ばれておかしくないのである。

ことばそのものが人間のつくり上げたものである。自然について語られたことばは、もちろん人為になる。自然を直接に表現したものが、第一次的情報になる。「○○山は南側の斜面が砂走になっている」というようなことばは第一次情報である。これに対して、「この地方の山は△△火山帯に属している」といった表現は、第二次情報である。第一次情報をふまえて、より高度の抽象を行なっている。〝メタ〟情報である。さらにこれをもとにして抽象化をすすめれば、第三次情報ができる。〝メタ・メタ〟情報というわけである。

このようにして、人為としての情報は高次の抽象化へ昇華して行く。思考、知識についても、このメタ化の過程が認められる。もっとも具体的、即物的な思考、知識は第一次的である。その同種を集め、整理し、相互に関連づけると、第二次的な思考、知識が生れる。これをさらに同種のものの間で昇華させると、第三次的情報ができるようになる。

第一次的な情報の代表に、ニュースがある。これは事件や事実を伝える点で興味があるけれども、それがどのような意味をもつか、その限りでは、はっきりしない。生々しいニュースというのは、第一次情報の特性にほかならない。

新聞の社会面には主としてこの第一次情報が並んでいる。そのもつ意味もはっきりしないかわり、解釈をしなくても、それが伝えようとしていることはわかる。理解が容易である。

同じ新聞でも、社説は、そういう多くの第一次情報のニュースを基礎に、整理を加えたもので、メタ・ニュース、つまり、第二次情報である。社会面記事を興味をもって読む人も、社説はまるで勝手が違う。社説の読者がすくない。おもしろくないというのは、ほかの記事の多くが第一次情報であるのに、これがメタ情報で、別の読み方を必要とすることを心得ないからである。

　第一次情報を第二次情報に変える方法として、たとえば、ダイジェスト、要約がある。細部を省いて、要点をまとめる。これは昇華よりもむしろ、圧縮というべきかもしれないが、すでに情報となっているものに、さらに人為を加えるという点では、第二次情報である。

「評論」という語のもとは、レヴュー（review）である。文字通りでは、再見となる。一次的な情報を時間をかけて再考する。新聞のニュースに対して、雑誌の評論がそれを行なったところから、月刊雑誌の誌名にレヴュー、評論という語が多く用いられてきた。

　大学の付属図書館で、しばしば話題になるものに、『ケミカル・アブストラクト』という英文の文献がある。化学の研究情報をくまなく掲載していて、専門家には必見のものだという。問題になるのは、その購読料がきわめて高価で、図書館の予算を圧迫するためである。

それはともかく、この題名の「アブストラクト」に注目したい。これも二次的情報であることを示している。個々の研究の具体を伝えるのではなく、どういう研究かを抽象化して記載した文献なのである。情報を整理してまとめたものが、アブストラクトである。

ひとつひとつの論文の末尾などに、レジュメをつけることがある。これも二次情報で、アブストラクトの一種である。

いわゆる論文は、一次的情報であってはならない。第二次的情報でもなお昇華度が不足である。第三次的情報であることを必要とする。書くのにも高度の抽象性が求められるし、読んで理解するのにも専門的訓練がなくてはならない。

われわれが自分で考えたことがらについても、この第一次からの段階的抽象化が考えられる。断片的なひとつひとつの着想は、いわば、第一次的情報である。そのままでは、それほど大きな意味をもたない。これをほかの思考と関連させ、まとめて、第二次的情報にする。

このときに、醱酵、混合、アナロジーなどの方法がはたらくのである。これについてはすでにのべた。思考の整理というのは、低次の思考を、抽象のハシゴを登って、メタ化して行くことにほかならない。第一次的思考を、その次元にとど

○ 8 ○

めておいたのでは、いつまでたっても、たんなる思い付きでしかないことになる。

整理、抽象化を高めることによって、高度の思考となる。普遍性も大きくなる。「抽象のハシゴをおりろ」と命じたのは、一般意味論である。誤解の多いコミュニケイションを救うには、抽象のハシゴをおりて、二次的、三次的情報を一次的情報に還元するのが有効である。しかし、これが文化の方向とは逆行するのもまた事実である。人知の発達は、情報のメタ化と並行してきた。抽象のハシゴを登ることを怖れては社会の発達はあり得ない。

思考や知識の整理というと、重要なものを残し、そうでないものを、廃棄する量的処理のことを想像しがちである。もちろん、そういう整理もあるけれども、それは、古い新聞、古い雑誌を、置場に困るようになったからというので、一部の入用なもの以外は処分してしまうのに似ている。物理的である。

本当の整理はそういうものではない。第一次的思考をより高い抽象性へ高める質的変化である。いくらたくさん知識や思考、着想をもっていても、それだけでは、第二次的思考へ昇華するということはない。量は質の肩代わりをすることは困難である。

一次から二次、二次から三次へと思考を整理して行くには、時間がかかる。寝させて、化学的変化のおこるのを待つ。そして、化合したものが、それ以前の思考に対して、メタ思考となる。

抽象のハシゴを登って行くのは哲学化である。われわれの民族は古くから、多くの歴史的記録を残している。ところが、これを歴史論、歴史学に統合するのに欠かすことのできない史観がはっきりしていなかったうらみがある。第一次的歴史情報には恵まれていても、これをメタ化して、二次、三次の理論にする試みはあまりなかった。

思考と着想についても同じことが言われそうである。ちょっとした着想、具体的な知識にはこと欠かないのに、それを、整理、統合、抽象化し、体系にまで高めるのはまれである。

思考の整理には、平面的で量的なまとめではなく、立体的、質的な統合を考えなくてはならない。この本で、着想の醗酵などについて、ことにくわしく考えてきたのは、この点を考えたからである。

これを思考の純化と言いかえることもできる。

スクラップ

新聞を読んでいて、これはと思う記事にぶつかる。あとで切り抜いておこう、と思いながら、ほかのところへ目を移す。ところが、この「あとで」がくせものである。しばしば、その「あとで」はとうとう、やってこない。

忘れてしまう、というのではない。覚えてはいる。ただ、とりまぎれて、二日も三日も経ってしまうことがすくなくない。そこで思い出して、そうそう、あれを切り抜かなくてはと、新聞をとり出して、たぶん、ここではなかったか、と思うところを見ると、ない。おかしい、とすこしあわてる。こうなると、もう見つからない。さては、夕刊だったか。そんなことはない。たしかに朝刊で、このページだったと目を皿のようにするが、見つからない。いらいらする。そうなると、ますます大事なことが書いてあったように思われてくる。

どうも、興味をもって読んだものは、頭の中へ入ると、勝手に変化するらしい。たしか、こんな見出しの感じだったと思ってさがすのに、見当らない。やっとさがし当ててみると、頭に描いていたのとは、違っているではないか。

それでも出てくればいい方である。三、四日前にこんな記事があった、というのでさがすときなど、まず、見つからない方が多い。購読紙が一紙だけならいいが、三紙も四紙もあると、そもそもどの新聞だったかすら、あやしくなってしまう。新聞の山の中から、目ざす記事を見つけ出すのは、よほどの平常心が必要で、あせったり、急いだりしていては、決して見つけられない。

新聞記事の切り抜きスクラップをつくるには、まず、その場で切り取ってしまうのが、もっとも安全である。ただ、実際問題として、家族のほかのものがまだ見ないうちに、穴をあけた新聞をつくるのははばかられる。それで、「あとで」となる。これが危険なことは以上のとおりである。

その場で切り抜けないときは、赤鉛筆、あるいは、このごろ流行のマークペンなどで、必要な記事を囲む。こうすれば、あとでもすぐ見つかる。

もちろん、手許にハサミかカッターがないと、いけない、このごろは、新聞の切り抜き専用カッターもできている。下にほかのものがあっても、傷をつけず、新聞一枚だけが切り抜ける。これは万年筆のような形をしているからポケットに入れてもちはこびも可能である。

雑誌の切り抜きは、新聞に比べるとかんたんなのは、どこかへまぎれ込んでしまうということがすくないからだ。しかし、やはり、その場で必要なところは切り取っておかないといけないのは同じこと。せっかくの雑誌を台なしにしてしまうのはいかにも惜しい——そんなことを考えていてはスクラップはできない。どんな豪華な雑誌でも、これはと思う記事は、心を鬼にして、スクラップをこしらえる。

スクラップをつくっても、その辺に放っておけば、これまた、たちまちどこかへ姿を消してしまう。かならず、すぐ保存の処置をとらなくてはならない。スクラップを整理する方法にはスクラップ・ブックに貼るのと、袋に区分けするのとの二つある。

スクラップ・ブックに貼るのは、あまり細かく問題が分れていないとき、あるいは、特定のテーマだけについてスクラップをつくっているときによい。たとえば、自分の関係している仕事についての記事だけをスクラップしているときには、スクラップ・ブックは一冊あればいい。日付順に貼って行く。

言うまでもないことだが、切り抜きをつくるときには、必ず、掲載の新聞、日付、雑誌名、月号の記入を怠らないことである。これが落ちているばかりに、あとせっかくの記事の価値が半減することもある。そのときはいちいち記入するのはわずらわしいので、いい加減な略記の仕方をしておいたりすると、当座はわかっていても、五年たち十年たつと、何のことかわからなくなってしまう。かならずきちんと書いておくくせをつける。たえずスクラップをつくる人なら、とっている新聞名のゴム判と日付スタンプを用意するとよい。

ところで、いくつかの問題にわたる切り抜きをつくるときには、スクラップ・ブックでは不便である。同時に何冊もスクラップ・ブックを必要とするばかりではない。いったん貼ってしまうと、外しにくい。前のものと、新しいものとがとくに関係がふかく、いっしょにしておきたいと考えても、それが難しい。

はじめはかなり出てくるだろうと予想して、一冊のスクラップ・ブックを当てたのに、さっぱり集まらなくて休眠、ということになったりするのも、おもしろくない。

それに比べると状袋方式は都合がよい。問題別に大きな封筒を用意する。つくった切り抜きをそれぞれ該当するところへつっこんでおく。めんどうでなくていい。ひまなときに、中からとり出して、関係の深いもの同士をクリップでとめるようなことをしておくと利用価値はいっそう高まる。

状袋方式は簡便でよいのだが、泣きどころは、なくなりやすいこと。袋から出し入れする場合にも、小さなのが舞い落ちるおそれもないとは言えない。そういう心配がないように、小さな新聞記事は、大き目の台紙に貼っておくようにする。

これは、スクラップ・ブックでも状袋でも同じだが、Ａの項目にもＢの項目にも関係があるという切り抜きが出てくる。どちらかに無理をして入れておくと、あとになって、別のところをさがしていると目にふれなくなってしまう。二つ以上の項目にまたがるものは、できればコピーしたものを、それぞれの項目のところへも入れておくようにすると安心である。コピーができなければ、紙片に、見出しだけを書いて、スクラップは○○の項にありというようにしてクロスレファレンスを可能にしておかないといけない。

袋の中身がたまってきたら、そのテーマは資料がそろってきた証拠である。袋がふくらんでくると、それを整理して本にまとめることにしているという篤学の士もある。長年かかってためにためたさまざまな切り抜きである。にわか勉強ではとうてい望めないような奥行きのある知識が得られる。

本は、必要なところだけ切り取ることはしない。このごろはコピーができるから、読みながらしるしをつけて行き、読み終ったら、しるしのついたところだけをコピーにとり、これをスクラップするという手がある。

雑誌でも学術的記録的価値の高いものは完本にして保存しておきたいからスクラップはしにくい。この場合もやはり、コピーしたものをスクラップするようにすればよい。

かつて私の編集していた雑誌で、執筆者に校了ゲラを雑誌といっしょに送っていた。これがたいへん喜ばれた。雑誌を一冊ダメにしないで、自分の書いた文章を保存できるからである。そのころは、いまほどコピーが普及していなかった。

本の中の大切なことをあとで利用しやすくするには、コピーのスクラップをつくるほか、内表紙の白いところに、興味あるトピックを書き出し、ページをつけておくと、あとでさがすときにたいへん便利である。

本の場合、スクラップによる利用はしにくいが、どこにどういう情報があるかということをカードに書き入れて、さきの状袋に入れ、あるいはスクラップ・ブックに貼っておくと、備忘の役に立つ。

スクラップも時がたつとまったく不用のものが出てくる。なんでもすべてとって置くのがいいのではない。あまりたくさんたまると全体の利用価値がさがってしまう。慎重に、ときどきは、整理、つまり、廃棄にまわすものをつくらなくてはならない。

ぜい肉をおとしておかないと、動きがとれなくなるのは人体と同じだ。

カード・ノート

ものごとを調べる、何々について知りたい、という場合、まず、それについての知識を集めなくてはならない。

このごろは百科辞典が普及している。たいていのことは、百科辞典に出ているはずだから、それによって、おおよその概念を得る。それほどくわしい知識を要しないとき、あるいは急ぎの用のときには、百科辞典ではかえってわかりにくいこともある。手っ取り早く要領を得たいのなら、同じ百科辞典でも簡略なものの方が便利である。

逆に、本格的に調べるのなら、百科辞典は入り口でしかない。項目の終りに参考文献があげてあるものが多い。さらにそれらの本に当って知識を蒐集する。

知識をあつめるときに、系統的蒐集ということが大切である。なんでも、おもしろそうなのは片端からとり入れたりしていると、雑然たる断片的知識の山ができてしまう。調べる前よりもかえって頭が混乱してくる場合すらある。

○9○

調べるときに、まず、何を、何のために、調べるのかを明確にしてから情報蒐集にかかる。気がせいていて、とにかく本を読んでみようというようなことでとりかかると、せっかく得られた知識も役に立たない。

何かを調べようと思っている人は、どうも欲張りになるようだ。大は小を兼ねるとばかり、なんでも自分のものにしようとする傾向がある。これでは集まった知識の利用価値を減じてしまう。対象範囲をはっきりさせて、やたらなものに目をくれないことである。これがはじめのうちなかなか実行できにくい。

つまり、調べにかかる前に、よくよく考える時間をとらなくてはならない。あまり充分な準備もなしに、いきなり本などを読み始めると、途中で計画の練り直しを余儀なくされたりする。

さて、調べるときの情報蒐集には一般にカードとノートの二つの方法がある。どちらもよく知られているものだが、実際になかなか、うまく行かないのはそれほど周知となってはいない。

まず、カード法。このごろはこういうときに使うカードがいろいろできていて市販されている。それを買うのも一法だが、途中でカードが変わるのはおもしろくない。それかと言って、あまり沢山仕入れていてもおかしい。別に市販のものでなくても自分の使いやすい形を考えて自製するのもおもしろい。

自製といっても注文印刷でつくるのから、不要な用紙を切ってつくるのまでさまざまある。いずれにしても、あまりこういう〝モノ〟にこりすぎないことが大切で、カードの形式などにむやみとうるさい人が、案外、カードをうまく利用できないでいることもすくなくない。

カードなどと言うから、緊張する。紙切れでもいい。ただ、大きさが不揃いだとあとあとの扱いが不便だから、大きさは統一しておく必要があろう。

このカードを準備して目ざす本を読む。これはと思うところにぶつかったら、カードにとる。その書き方もさまざまである。該当部分を写しとる手もある。あまり長文だと時間がかかる。長い文章でも、ごく肝心なところだけ抜き書きしておくようにすると、あまり時間を食わないですむ。とにかく、ノートやカードをとりながら本を読むと、すこしもはかが行かない。

とくに、本のはじめの部分は、何でもカードにとって置きたくなる。あらかじめもっている知識の量がすくないほどカードをたくさんとりたくなる。あまりカードが多くなるのは、それだけものを知らないということで、自慢にはならない。

カードの一枚一枚にかならずつけておかなければならないものが二つある。ひとつは、出典である。何という本の何ページからということを明記しておかないとカードの価値はないと思ってよい。同じ本から何十枚、百何十枚といったカードをとる。いちいち書名などつけていられるかと思うが、これがなくては糸の切れたタコである。略記でもいいが、あとでわからなくならないように注意すべきである。

もうひとつは、頭のところへ、見出しをつけておくこと。内容を簡潔、的確に示す見出しをつけるのはときとしてなかなか骨である。急いでいていい加減な見出しをつけたばっかりにあとで使いそこなうという失敗もおこるから、見出しには神経を使う。なれないと、これはうまく行かない。なれがものを言う。絞り切れなかったら、AまたはBと、二案の見出しを並記しておくのも一法であろう。いずれにしても、見出しのついていないカードは闇夜のコウモリのようなものだと考えてよい。

カード方式の泣きどころは、カードの保管整理がうまく行かない点である。うっかりすれば、せっかく時間をかけてつくったカードが散佚する心配もある。バラバラだから、抜けてもわかりにくい。そのかわり、いろいろ配列を変えたりできて便利でもある。

カードが多くなってきたら、どうしても整理のためのカード箱がほしい。紛失しないように注意する。カード箱の中は、項目ごとに分類しておくと、あとですぐ参照できる。

つぎは、ノートとりの方法。これはカードシステムより古くから行なわれてきたものである。読書ノートといった、特別のテーマをもたないで、何かおもしろいこと、あるいは将来、役に立ちそうなところを、書き抜くノートもある。また、論文作成の準備としてノートをとるときのように、テーマに関連のあるものだけを書き出すノートもある。

カードのところでのべたのと同じように、ノートでもやはりたくさん書きすぎないように心掛けないと、いたずらにノートの量の増大を喜ぶだけという結果になりかねない。細かいことをノートすると、すぐあとに、それよりいっそう重要と思われることがあらわれる。これはのがせないとノートにとると、そのあと、もっと大事な知識が出てくる。これも無視できない。こういうことをしていると、そのうち、本を全部引き写してしまうようなことになりかねない。

その弊をまぬがれるには、一読即座にノートをとらない。たとえば、見開き二ページをまず読む。そして、ふりかえって、大切なところを抜き書きする。あるいは、一章なら一章、一節なら一節の、内容の区切りのいいところまで読んで、またあと戻りして、ノートをとるようにすれば、本を全部引き写してしまうという愚は回避できる。ただ、これだと、こまかいところを見落すおそれはある。

借りた本では論外だが、自分の本なら、読むときに、鉛筆でしるしをつけて読み進むのもよい。あるいは、赤、青、黄などのサインペンを用意して、自分の考えと同じものは青、反対趣旨のところには赤線、新しい知識を提供しているところは黄の線をひいておくというようにすると、一見して、どういう性格の部分であるかがわかって便利である。もっとも、これは自分の本で、しかも、本としての価値を犠牲にしてよいと決心できたときにかぎって実行できる方法である。

図書館で借り出した本に線を引くことは、あとの利用者にたいへんじゃまになる。決して書き込みや線引きはすべきでない。それが守れないのは公徳心のひどい欠如である。

ノートの一項目ずつの記載にも、カードと同じように、見出しが不可欠である。ただ、ノートの場合は、ひとつひとつの項目の順序が固定してしまっていて配列変えをすることはできない。

ノートの利用価値を高めるには、見出しをまとめて、索引にしておくとよい。これだと、どれとどれが相互に関係するか、一覧することができる。

つんどく法

ものを調べるときに、本を読んで、カード、あるいはノートをとるというのは、いまではもっとも正統的な方法となっている。けれども、すべての人が、そういうことをしているわけではない。そうしなければ、知識の整理ができないわけでもないのである。

まえにものべたように、カードにしろ、ノートにしろ、いちいち手書きにしなくてはならない。時間もかかる。せっかく書きとめたものが全部が全部、あとで使えるわけでもない。後々の役に立てるということもあるが、それは偶然に支配される。かならず生きるとは言い切れない。うっかりすると、そういうノートがあったことすら忘れられてしまう。

カードにしても、ノートにしても、作るのはなまやさしくはないが、アフターケアともいうべきものがたいへんである。よほど管理をよくしないと、いたずらに山のような〝資料〟をかかえることになってしまう。

人には向き不向きということがある。ほかの人にとって、どんなにすぐれた方法であっても、自分でやってみると、うまくいかないということは、これに限らずいくらでもある。

カードでもなく、ノートでもなく、知識を蒐集し、これをまとめて、論文にするのに、多く行なわれているのが、これから紹介しようとする、当ってくだけろ、の無手勝流の読書法である。

まず、テーマに関連のある参考文献を集める。集められるだけ集まるまで読み始めないでおく。これだけしかない、というところまで資料が集まったら、これを机の脇に積み上げる。

これを片端から読んで行くのである。よけいなことをしていては読み終えることができない。メモ程度のことは書いても、ノートやカードはとらない。

それでは忘れてしまうではないか、と心配になる人は、カード派であり、ノート派である。そういう向きは、この当ってくだけろの方法のまねはしないこと。まねしてもうまくいくはずがない。

すべては頭の中へ記録する。もちろん、忘れる。ただ、ノートにとったり、カードをつくったりするときのように、きれいさっぱりとは忘れない。不思議である。

どうやら、記録したと思う安心が、忘却を促進するらしい。昔、ある大学者が、訪ねてきた同郷の後輩の大学生に、一字一句教授のことばをノートにとるのは愚だと訓えた。いまどきの大学で、ノートをとっている学生はいないけれども、戦前の講義といえば、一字一句ノートするのが常識であった。教授も、筆記に便なように、一句一句、ゆっくり話したものだ。

その大学者はそういう時代に、全部ノートするのは結局頭によく入らないという点に気付いていたらしい。大事な数字のほかは、ごく要点だけをノートに記入する。その方がずっとよく印象に残るというのである。

字を書いていると、そちらに気をとられて、内容がおるすになりやすい。そう言えばかつて、講演をききに来た女性は、きそって、メモを書いた。みんな下を向いて、うす暗いところで、鉛筆やペンを走らせた。やはりノート派の考えにしばられていたのであろう。そういうメモをあとになって読み返すことはまずない。それだのに、字を書いていて話の流れを見失ってしまう。どちらもだめになってしまう。講演をきいてメモをとるのは賢明でない。

それをだれがいつ教えたのかわからない。気がついてみると、メモをとっている聴衆、ことに女性はいなくなってしまった。いつのまにか変化がおこったのである。ただ、主催者側には旧派がいて、きょうは、熱心にメモをとっている人もちらほら見られました……などと言って喜ぶ。新聞にも、そういう文句の入った記事がときどき目につく。

　もっぱら耳を傾けていた方が、話はよく頭に入るのである。

　もうひとつは関心がものを言う。メモやノートをとらなくても、興味のあることはそんなに簡単に忘れるものではない。忘れるのは、関心のないなによりの証拠である。知りたいという気持が強ければ、頭の中のノートへ書き込めば、なかなか消えない。もっと頭を信用してやらなくては、頭がかわいそうだ。当ってくだけろ派はそういう風に考えるのである。

かりに、関連文献が十冊あるとする。これを一冊一冊読んで行く。三冊目くらいから、互いに重複するところが出てくる。そうすると、これが常識化した事柄、あるいは定説となっているらしいと見当がつく。前の本と逆の考えや知識があらわれれば、ここでは諸説が分かれているのだとわかる。

　はじめの一冊がもっとも時間を食う。したがってまず標準的なものから読むようにする。同じ問題についての本をたくさん読めば、あとになるほど、読まなくてもわかる部分が多くなる。最初の一冊に三日かかったとしても、十冊で三十日、などという計算にはならない。一気に読み上げるのは、案外、効率的である。

読み終えたら、なるべく早く、まとめの文章を書かなくてはいけない。ほとぼりをさましてしまうと、急速に忘却が進むからである。本当に大切なところは忘れないにしても、細部のことは、そんなにいつまでも、鮮明に記憶されているとはかぎらない。

たくさんの知識や事実が、頭の中で渦巻いているときに、これをまとめるのは、思ったほど楽ではない。まとめをきらう知見が多いからである。しかし、ノートもカードもないのだから、頭のノートがあとからの記入で消える前に整理を完了しなくてはいけない。

本を積んで、これを読破するのだから、これをつんどく法と名付けてもよい。普通、つんどくというのは、本を積み重ねておくばかりで読まないのを意味するが、つんどく法は文字通り、積んで、そして、読む勉強法である。そして、これがなかなか効果的である。昔の人は多くこの方法によっていたのではないかと想像される。

自分の頭をノートにする。カードにする。それに書き入れたことを、必要に応じて、引き出してくる。記憶力がよくないといけない。昔の学者に博覧強記《はくらんきょうき》の人が多かったのは不思議ではない。

　本の数がすくない。参考文献、レファレンス用の辞典類もほとんどないという時代、知識を得ようとすれば、記憶にたよるほかない。本が多くなり、忘れたことを思い出す手段がととのってくるにつれて、われわれの頭は忘れっぽくなってきた。いまどき博覧強記と言われる人は珍しい。そう言われても、かつてほど名誉でもない。

　しかし、一時的な博覧強記は知識の整理にとってたいへん有効である。つんどく法は、集中読書、集中記憶によって、短期間、ある問題に関しての博覧強記の人間になるのである。

　ただ、これをすぐ記録にしておかないと、強記した内容が消えてしまう。そして、論文や原稿ができてしまえば、安心、忘れてやる。いつまでもそれにこだわるのは、あとあとの知識の習得、つぎのつんどく勉強のじゃまになる。しかし、いくら忘れようとしても、いくつかのことはいつまでも残る。

　これはその人の深部の興味、関心とつながっているからである。忘れてよいと思いながら、忘れられなかった知見によって、ひとりひとりの知的個性は形成される。つんどく派にスタイルのはっきりした知識人が多いように思われるのは偶然ではあるまい。

一見、なまけもののように見えるが、つんどく法は古典的であると同時に、現代的でもある。われわれがとくに意識しないで勉強しているのはこのつんどく法の変形によることが多い。

手帖とノート

何か考えが浮んだら、これを寝させておかなくてはならない。ちょっと頭の片隅に押しやっておく手もあるが、ひょっとすると、そのままガラクタとともに消えてしまいかねない。そうなってはせっかくのアイディアが惜しい。忘れないように寝させておこう、などと思うと、ついつい、つついてみることになって、寝させたつもりが、寝させたことにならない。そこで、ひと工夫するのである。

　これでよし、と安心できないと、寝させたことにならない。しばらくは、忘れる。しかし、まったく忘れてしまってもこまる。忘れて、しかも、忘れないようにするにはどうしたらいいのか。それが問題である。ずっと覚えていろ、と言うのより難しい註文だ。

　記録しておく。これが解決法である。

　書き留めてある、と思うと、それだけで、安心する。それでひとときは頭から外せる。しかし、記録を見れば、いつでも思い出すことができる。考えたことを寝させるのは、頭の中ではなくて、紙の上にする。

もうひとつ、記録する必要があるのは、寝させるのではなく、とりあえずとらえる必要のあることだ。ふっと頭に浮んだものはふっと消えてしまいやすい。いったん消えてしまうと、どんなに思い出そうとしても、二度とよみがえってこないことがある。

何かを思いついたら、その場で、すぐ書き留めておく。そのときさほどではないと思われることでも、あとあと、どんなにすばらしくなるか知れない。書いておかなかったばかりにせっかくの妙案が永久に闇に葬られてしまうということになっては残念である。そして、考えは机に向っているときに現われるとはきまっていない。

さきに、三上の説のことを書いた。鞍上、枕上、厠上。鞍上はいま様に言うなら通勤電車の中である。枕上は床の中。厠上はトイレの中である。いずれもいい考えが出そうにないところばかり。ところが、そういうときに限って、考えあぐねていたことについての、いいヒントがひらめく。

トイレに入っているとする。ヒントが得られても、どうにもすることができない。出たらメモしておこう。そう思って、用を足して出るころには、水洗の水と

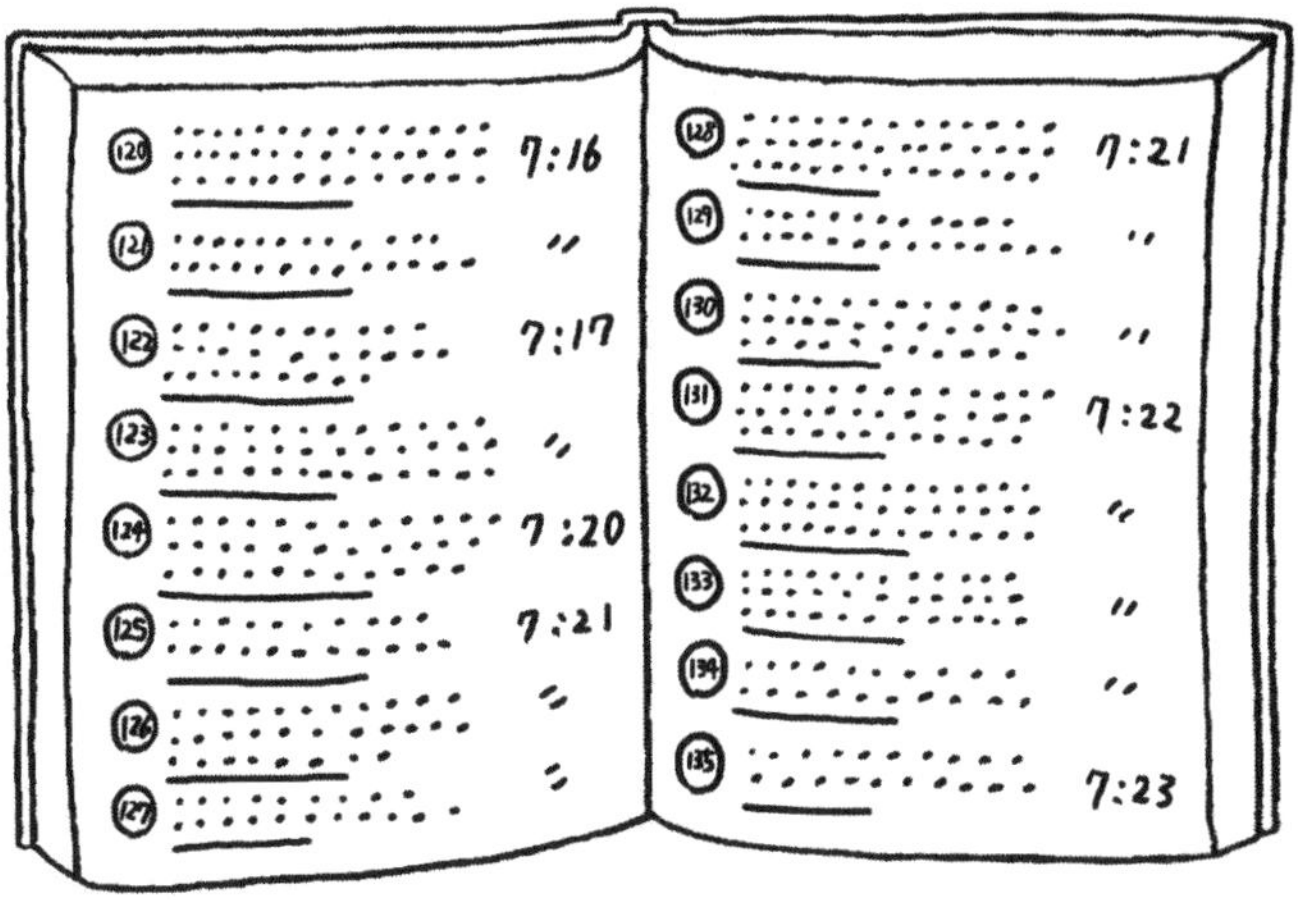

図1

いっしょに、流れるように忘れてしまっているかもしれない。

　その場で、メモするくせをつけないとアイディアをのがしてしまいかねない。鞍上、車中でも、枕上、床の中でも、厠上、トイレの中でも、手のとどくところに、メモできるものを置いておく。いざとなったら、すぐ、それへ書き込めるようにする。

　枕もとなら、大きな紙とエンピツを置いて寝ることができる。夜中に目がさめる。着想がふってわいたとする。明りをつけなくても、手さぐりでその紙に書いておく。朝見ると、字は乱れている。重なっているところもあるかもしれない。それでも見当はつく。それで充分、手懸りにはなる。

　ガウスやヘルムホルツのタイプの人なら

目をさましてから、妙案の雲のようにわく朝があるに違いない。そんなとき、起きてからなどと思っていては、大半は雲散霧消してしまう。枕もとに紙とエンピツがあれば、いくらでも書き留められる。そういう朝は心が躍るのを鎮めるのに骨が折れるだろう。

いちばん簡便なのは、手帖をもち歩くことだ。普通の手帖でいい。ただ、一日ごとの欄をすべて、着想、ヒントの記入に使うのである。もちろん、日付もケイも無視する。スペースを節約しなくてはいけないから、細い字で、要点のみ簡潔に書く。一つの項が終ったら、線を引いて、区切る。一ページにかなりたくさんの思いついたことが書ける。

ついでに頭のところへ通し番号を打っておくと、あとで参照に便利である。ついでに、日付も入れておくと、いつ考えたことかがはっきりする。たとえば図1のようになる。

心覚えに、欄外に見出しのようなものをつけておくと、あとでさがすときに助かる。はじめのうちはおっくうであるが、なれてしまえば、反射的に手帖を出して、書き入れられるようになる。

この手帖の中で、アイディアは小休止をする。しばらく寝させておくのである。

ある程度時間のたったところで、これを見返してやる。すると、あれほど気負って名案だと思って書いたものが、朝陽を浴びたホタルの光のように見えることがある。

つまり、寝させている間に、息絶えてしまったのである。そうなったら惜気もなくすてる。寝させている間に太らないようなのは、つまり縁がなかったのである。

見返して、やはり、これはおもしろいというものは脈がある。そのままにしておかないで、別のところでもうすこし寝心地をよくしてやる。

別のノートを準備する。手帖の中でひと眠りしたアイディアで、まだ脈のあるものをこのノートへ移してやる。このノートはあまりいい加減な安ものでない方がいい。わたくしは、ある英文日記を利用している。ケイと日付と欄外に英語のことわざが印刷してあるだけで、手帖と同じように、いっさいを無視して、考えの温存の場とする。図2参照。まずⒶには、見出しを書く。何のことか。あと手帖にあったことを箇条書きにして書き入れる。これがⒷの部分である。手帖には三つくらいの要点しかなかったものが、こうして整理しようとすると、五つにも六つにもなるというのが、寝させている間に考えがふくらんだ証拠である。

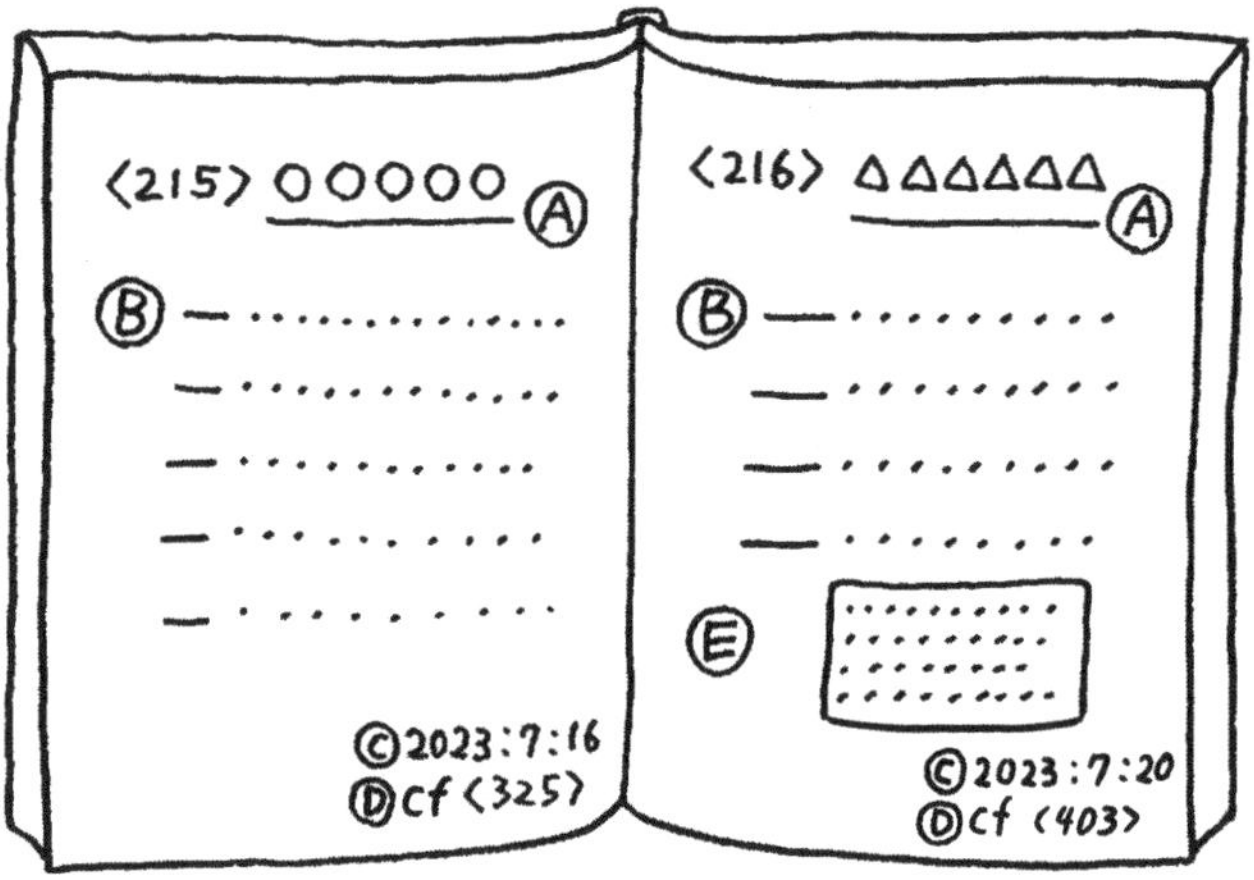

図2

Ⓒは、ノートへ移した日付である。Ⓓは、手帖のときの番号である。Ⓔは関連のある新聞や雑誌の切り抜きなどがあれば、ここへ貼っておく。

　こういうノートをつくって、腐ったり死んだりしてしまわなかった手帖の中のアイディアを移し、さらに寝させておく。醱酵して、考えが向うからやってくるようになれば、それについて、考えをまとめる。機会があるなら、文章にする。

　何でもいいから、自由にお書きくださいという原稿を頼まれたとする。このノートをパラパラくってみる。見出しを見て、向うから動いてくるようなのがあったら、そのページに目をとめる。これならなにか書けそうだという気がしてきたら、それを題材にする。

すでに、相当に寝ている、あたためてあるから、思いつきは思いつきでも、すぐ腐ってしまう短命なものではない。すでに、一度はふるいにかかっている。自分の頭の関所を通っているのだから、他人の頭の関所をなんとかパスする可能性もそれだけ大きいと考えてよい。

こうして、文章にし、発表したものについては、ページの肩のところへ朱線を二本引く。講演などの材料にしたときは、同じところへ朱線を一本引く。そして、ページの裾のところへ、同じく赤で、発表の場と日付を書き入れる。これでこの考えの一生は終ったことになるのである。

メタ・ノート

こうして、ノートをこしらえる。

ところで、その記入したことの中には早く腐ってしまうものもあれば、時がたつにつれて、だんだんおもしろくなってくるものもある。

それらをいっしょにしておくのはよろしくない。脈のありそうなものはほかへ移してやる。ノートの中では、もとの前後関係、コンテクストができる。ひとつひとつのテーマの卵はそのコンテクストに包まれて、おのずからその影響を受ける。新しい展開を妨げられていることもある。

人間もコンテクストで自己規定をしている。周囲との関係で自分の役割をはっきりさせる。あるグループに属していると、いつしか、そのグループの一員として動くようになって、知らず知らずのうちに、自分をしばっていることがすくなくない。

Ａの学校にいたとき、どうもパッとしなかった生徒がＢの学校へ転校したとたんに人が変わったように伸びはじめるということがある。もちろん、その逆もないではない。コンテクストを変えてみると、新しい芽が出るらしいのは興味深いことである。

病気療養のひとつに、転地療法というのがある。気候風土の変ったところへ移ることで病気が軽減する例がたくさんあったからこそ、こういう方法がとられるのであろう。どこにいたって同じことではないかと考えたくなるが、土地のもっている空気、生理的なコンテクストが変わると、われわれの生体は大きく変化する。それで転地が薬とは違った効果をあげるのであろう。

植物でも、苗床においただけでは、よく発育しないものがある。稲などその適例で、苗を田植で移植する。それによって、急に成長する。じかにまいたのではうまく行かないから、こういう二度手間になる作業が確立したのに違いない。

多年生の植物でも、あまり伸びのよくなかった木が、植えかえたら、見違えるほどにすくすくのびることがある。植物もまたコンテクストの中に生きていて、それに〝なじむ〟場合は成長が急であり、それと合わないときには、なんとなく発育が思わしくない。

園芸家はその辺のところをよく呑み込んで、しかるべきところへしかるべきものを植える。その心得のない素人は、しばしば失敗する。

頭の中で生れる思考の生命についても、コンテクストの適、不適がある。コンテクストを変えることによって、新しい生命の展開が期待できる。これまでのべて来た、寝させる時間を与えよというのも、それによって、もとのコンテクストが必然的に変わる。新しい面が見えるのを期待するのである。移植ではないが、まわりの土壌、コンテクストが一変すれば、同じところにあっても、移植されたのと同じ理屈である。

メモの手帖から、ノートへ移すことは、まさに移植である。そのまま移しているようであっても、決してそうではない。多少はかならず変形している。それよりも、もとの前後関係から外すことが何より、新しい前後関係、コンテクストをつくり、その中へ入れることになる。

コンテクストが変われば、意味は多少とも変化する。手帖の中にあったアイディアをノートへ移してやると、それだけで新しい意味をおびるようになる。もとのまわりのものから切り離されると、それまでとは違った色に見えるかもしれない。

このノートにある思考、アイディアをさらに、もう一度、ほかへ移してやる。

寝させている間にもう眠ってしまい目をさましそうもないものも出てくる。そういう中にいつまでも放置するのは望ましくない。まだ生きているもの、動き出そうとしているものは、新しいところへ転地させてやると、いっそう活溌になる可能性がある。

ノートにもとづいて、その上にさらにノートをつくる。あとの方をメタ・ノートと呼ぶことにする。

まえに紹介したノートは一テーマ一ページをあてたが、このメタ・ノートは、ひとつのテーマに二ページずつあてる。見開き二ページが一つのテーマということになる。頭にテーマの題目をつけ、さらに通し番号をふることは前のノートと変わるところがない。ノートにあったことを整理して、箇条書き風に並べる。余白はあとの記入のためにゆったり残しておくことがのぞましい。これは、たとえば、図3のようになる。タイトルの下のcfはノートの中の参照番号である。右のページの横線の下はメタ・ノートに移してから気付いたことである。書き切れなくなったら、紙を貼ってそこへ書くようにする。同じ項目をもう一度ほかのところで扱うのは、あとで見落したりするおそれがあるから、なるべく避ける。

タイトルの右にある日付は、メタ・ノートへ移記した日である。これはいよいよ醱酵してきたときに、どれくらい日時が経過しているかを知るためである。さらに、ノートからメタ・ノートへ移したのがどれくらいたってからであるかを承知するためである。

　メタ・ノートへ入れたものは、自分にとってかなり重要なもので、相当長期にわたって関心事となるだろうと想像されるものばかりのはずである。だからといって、毎日のぞいていてはいけない。記録してあるというので安心する。しばらくは頭から離す。テーマ自体も新しいコンテクストへ入れられた。さらに関心もいったんその問題から解放する。そうすると、思考はひっそり大きくなったり、あるいは、消えるらしい。

　自分の楽屋裏を見せるのは決していい趣味ではない。できることなら、そんなことはしたくないけれども、こういう本では、一般論だけですますことは難しい。どうしても、経験してきたことをもとにして話をすすめる外に手はない。あえて、我流の方法を披露した。

　手帖は、予定表と共用するから、年末によそからもらったものを使う。メモの書き込みが多いころは、一年に、五冊も六冊も手帖を書きつぶしたことがあるが、このごろは、だいたい一冊で間に合っている。それでも年間に千から千五百項目

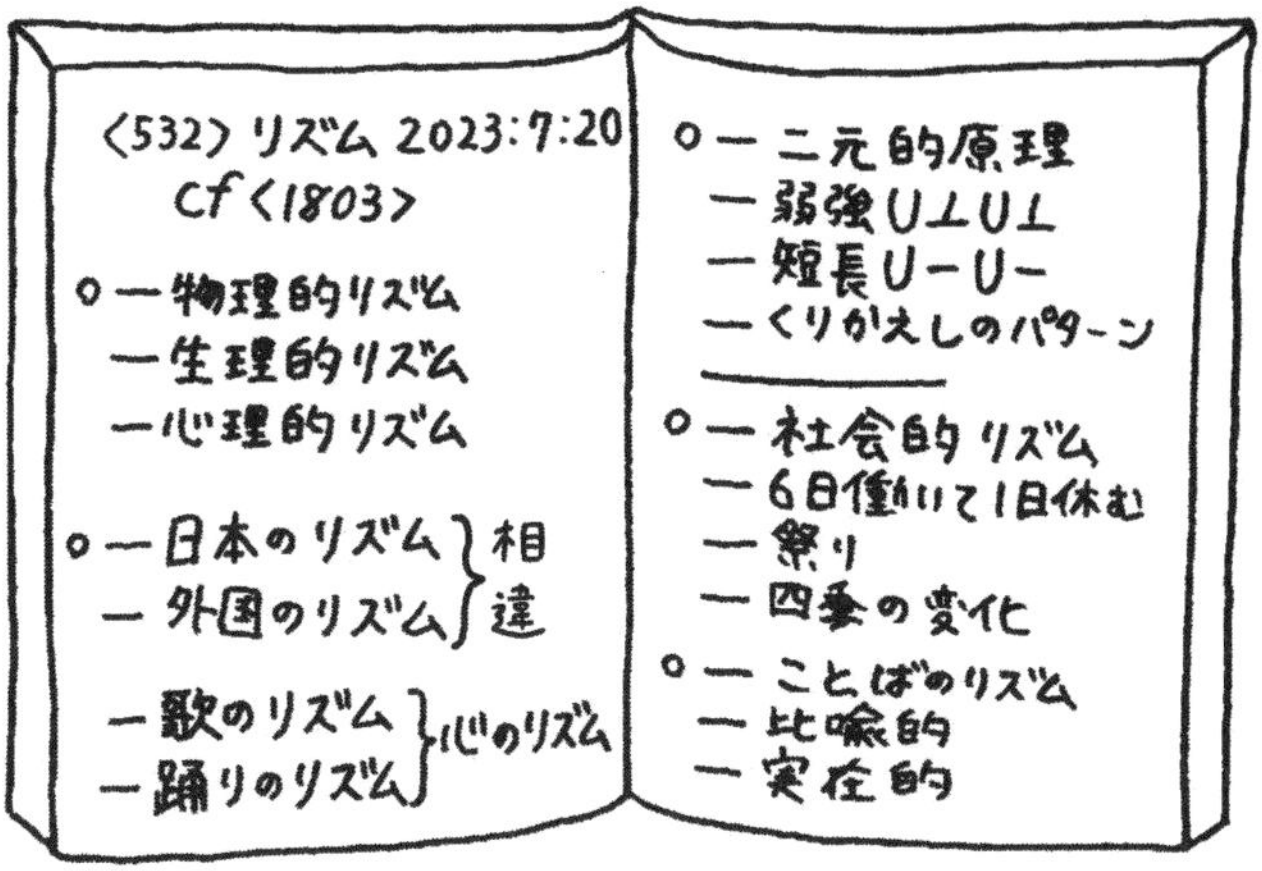

図3

の書き入れがある。かつて、さかんにメモをした時代には年に一万をかるく突破したものだ。

いかなるときも、この手帖を手放さない。何か気付いたり、おもしろいことを聞いたり、読んだりしたら、あとでと思わずにその場で書き留める。それがメモの鉄則である。そのとき書けなかったことをあとで書くのは、たいへん困難である。

ノートには、前に、ある英文日記を使っていると書いた。メタ・ノートも、同じ英文日記を使っている。大きさが違うと、棚に収めるとき不揃でおもしろくない。

しかし、メタ・ノートとノートがまったく区別がつかないとこまる。一見してわかるようにしておきたい。それで色で分ける。

ノートは白い厚手の紙でカバー、メタ・ノートは茶のハトロン紙で包む。それぞれに巻数を入れて、順番に並べる。これを二十数年続けてきたから、茶のメタ・ノートが二十二冊、白のノートが三十一冊になった。この五十三冊をながめて、わが思考、すべて、この中にあり、と思うのは、なかなかいい気持である。

IV

整理

こどものときから、忘れてはいけない、忘れてはいけない、と教えられ、忘れたと言っては叱られてきた。そのせいもあって、忘れることに恐怖心をいだき続けている。悪いときめてしまう。

学校が忘れるな、よく覚えろ、と命じるのは、それなりの理由がある。教室は知識を与える。知識をふやすのを目標にする。せっかく与えたものを片端から、捨ててしまっては困る。よく覚えておけ。覚えているかどうか、ときどき試験をして調べる。覚えていなければ減点して警告する。点はいい方がいいにきまっているから、みんな知らず知らずのうちに、忘れるのをこわがるようになる。

教育程度が高くなればなるほど、そして、頭がいいと言われれば、言われるほど、知識をたくさんもっている。つまり、忘れないでいるものが多い。頭の優秀さは、記憶力の優秀さとしばしば同じ意味をもっている。それで、生き字引というような人間ができる。

chikuma primer shinsho

さいしょのしんしょ

ちくまプリマー新書

★2月の新刊　●8日発売

447
わからない世界と向き合うために
神戸大学大学院教授
中屋敷均

この世は思いもよらないことが起きる。確率通りには物事は進まないし、予測しコントロールすることも難しい。それでも自分を見失わないため心構えを届けたい。

68471-4
880円

448
ニッポンの数字
▼「危機」と「希望」を考える
環境・社会問題エディター
眞淳平

縮みゆくこの国を待ち受ける未来は暗いのか？　社会を考えるための論点各々を、数字をベースに考えると、「危機」と「希望」の両面が見えてくる。

68473-8
1078円

449
「叱らない」が子どもを苦しめる
スクールカウンセラー　和光大学教授
藪下遊／高坂康雅

「叱らない」教育に現役スクールカウンセラーが警鐘を鳴らす一冊。なぜ不登校やいじめなどの問題は絶えないのか。叱ること、押し返すことの意義を取り戻す。

68474-5
1012円

好評の既刊　＊印は1月の新刊

勉強ができる子は何が違うのか
榎本博明　学習効果を左右するメタ認知能力の鍛え方
68464-6　880円

ルールはそもそもなんのためにあるのか
住吉雅美　ルールの原理を問いなおす法哲学入門
68466-0　880円

食卓の世界史
遠藤雅司（音食紀行）　この一皿に歴史が見える
68465-3　1012円

世にもあいまいなことばの秘密
川添愛　言葉の特徴を知って、誤解を減らそう
68468-4　990円

東大生と学ぶ語彙力
西岡壱誠　語彙力は国語だけでなく全教科で重要です
68467-7　924円

＊**学校に染まるな！**——バカとルールの無限増殖
おおたとしまさ　プロが教える、学校をサバイブする方法
68469-1　880円

＊**人間関係ってどういう関係？**
平尾昌宏　すぐそばにありながらつかみどころがない
68472-1　946円

＊**数学の苦手が好きに変わるとき**
芳沢光雄　70歳の数学者が贈る、数学の本当の面白さ
68470-7　880円

6桁の数字はISBNコードです。頭に978-4-480をつけてご利用下さい。

ここで、われわれの頭を、どう考えるかが、問題である。

これまでの教育では、人間の頭脳を、倉庫のようなものだと見てきた。知識をどんどん蓄積する。倉庫は大きければ大きいほどよろしい。中にたくさんのものが詰っていればいるほど結構だとなる。

せっかく蓄積しようとしている一方から、どんどんものがなくなって行ったりしてはことだから、忘れるな、が合言葉になる。ときどき在庫検査をして、なくなっていないかどうかをチェックする。それがテストである。

倉庫としての頭にとっては、忘却は敵である。博識は学問のある証拠であった。ところが、こういう人間頭脳にとっておそるべき敵があらわれた。コンピューターである。これが倉庫としてはすばらしい機能をもっている。いったん入れたものは決して失わない。必要なときには、さっと、引き出すことができる。整理も完全である。

コンピューターの出現、普及にともなって、人間の頭を倉庫として使うことに、疑問がわいてきた。コンピューター人間をこしらえていたのでは、本もののコンピューターにかなうわけがない。

そこでようやく創造的人間ということが問題になってきた。コンピューターのできないことをしなくては、というのである。

人間の頭はこれからも、一部は倉庫の役をはたし続けなくてはならないだろうが、それだけではいけない。新しいことを考え出す工場でなくてはならない。倉庫なら、入れたものを紛失しないようにしておけばいいが、ものを作り出すには、そういう保存保管の能力だけではしかたがない。

だいいち、工場にやたらなものが入っていては作業能率が悪い。よけいなものは処分して広々としたスペースをとる必要がある。それかと言って、すべてのものをすててしまっては仕事にならない。整理が大事になる。

倉庫にだって整理は欠かせないが、それはあるものを順序よく並べる整理である。それに対して、工場内の整理は、作業のじゃまになるものをとり除く整理である。

この工場の整理に当ることをするのが、忘却である。人間の頭を倉庫として見れば、危険視される忘却だが、工場として能率をよくしようと思えば、どんどん忘れてやらなくてはいけない。

そのことが、いまの人間にはよくわかっていない。それで工場の中を倉庫のようにして喜んでいる人があらわれる。工場としても、倉庫としてもうまく機能しない頭を育ててしまいかねない。コンピューターには、こういう忘却ができないのである。コンピューターには倉庫に専念させ、人間の頭は、知的工場に重点をおくようにするのが、これからの方向でなくてはならない。

それには、忘れることに対する偏見を改めなくてはならない。そして、そのつもりになってみると、忘れるのは案外、難しい。

例えば、何か突発の事件が起ったとする。その渦中の人は、あまりのことに、あれもこれもいろいろなことが一時に殺到する。頭の中へどんどんいろいろなことが入ってきて、混乱状態におちいる。茫然自失、どうしていいかわからなくなる。これが「忙しい」のである。「忙」の字は、心（りっしんべん）を亡くしていると書く。忙しいと頭が働かなくなってしまう。頭を忙しくしてはいけない。がらくたのいっぱいの倉庫は困る。

平常の生活で、頭が忙しくてはいけない。人間は、自然に、頭の中を整理して、忙しくならないようになっている。

睡眠である。

眠ってからしばらくすると、レム（ＲＥＭ）睡眠というものが始まる。マブタがピクピクする。このレムの間に、頭はその日のうちにあったことを整理している。記憶しておくべきこと、すなわち、倉庫に入れるべきものと、処分してしまってよいもの、忘れるものとの区分けが行なわれる。自然忘却である。

朝目をさまして、気分爽快であるのは、夜の間に、頭の中がきれいに整理されて、広々としているからである。何かの事情で、それが妨げられると、寝ざめが悪く、頭が重い。

朝の時間が、思考にとって黄金の時間であるのも、頭の工場の中がよく整頓されて、動きやすくなっているからにほかならない。

昔の人は、自然に従った生活をしていたから、神の与え給うた忘却作用である睡眠だけで、充分、頭の掃除ができた。ところが、いまの人間は、情報過多といわれる社会に生きている。どうしても不必要なものが、頭にたまりやすい。夜のレム睡眠くらいでは、処理できないものが残る。これをそのままにしておけば、だんだん頭の中が混乱し、常時、「忙しい」状態になる。ノイローゼなども、そういう原因から起る。

かつては、忘れてはいけない、忘れてはいけない、と言っていられた。倉庫として頭を使った。中が広々としていたからである。このごろは入れるものが多くなったのに、スペースには限りがある。その上、倉庫だけではなく工場としてものを創り出さなくてはいけない。場ふさぎがごろごろしているのは不都合である。忘れる努力が求められるようになる。

これまで、多くの人はこんなことは考えたこともないから、さあ、忘れてみよ、と言われても、さっさと忘れられるわけがない。しかし、入るものがあれば、出るものがなくてはならない。入れるだけで、出さなくては、爆発してしまう。

食べものを食べる。消化して吸収すべきものを吸収したら、そののこりは体外へ排泄する。食べるだけで、排泄しなければ、糞づまりである。これまでの、倉庫式教育は、うっかりしていると、この糞づまりをつくりかねなかった。どんどん摂取したら、どんどん排泄しないといけない。忘却はこの不可欠な排泄に当る。目のかたきにするのは大きな誤りである。

勉強し、知識を習得する一方で、不要になったものを、処分し、整理する必要がある。何が大切で、何がそうでないか。これがわからないと、古新聞一枚だって、整理できないが、いちいちそれを考えているひまはない。自然のうちに、直観的に、あとあと必要そうなものと、不要らしいものを区分けして、新陳代謝をしている。

頭をよく働かせるには、この〝忘れる〟ことが、きわめて大切である。頭を高能率の工場にするためにも、どうしてもたえず忘れて行く必要がある。

忘れるのは価値観にもとづいて忘れる。おもしろいと思っていることは、些細なことでもめったに忘れない。価値観がしっかりしていないと、大切なものを忘れ、つまらないものを覚えていることになる。これについては、さらに考えなくてはならない。

忘却のさまざま

忘れてはいけないと思うと、意地悪く、すっかり忘れてしまうくせに、早く忘れてしまいたいことが、いつまでも、頭にこびりついて離れないこともある。意のままにならないものである。

これまでは、忘れることを目のかたきにしてきたから、忘れるにはどうしたらよいのか、と言っても、急に名案が浮ぶわけがない。しかし、忘れられない頭、いつも忙しい頭では、ろくなことは生れない、となると、どうしたらよいのか、見当もつかない、などと言ってはいられない。そのうち、学校でも、忘れ方の学習をするようにならないとも限らない。

自然の忘却法は、睡眠であることは、前章でのべた通り。それで問題がなければ、めでたいが、そうは行かないから始末が悪い。

いやなことがあると、一刻も早く忘れたいと思うのは人情である。昔から、そのときすることがきまっていた。ヤケ酒を飲む。ぐでんぐでんに酔っ払って、泥んこのように眠ってしまう。目をさますと、ここはどこだ、というようになる。さしもの苦い出来ごともだいぶ忘れているであろう。

　こういう酒が体にいいわけがない。しかし、生きているのがいやになるような思いを抱いたまま、眠られない夜をすごす、というのも、決して健康的とは言えない。ヤケ酒は体にはつらい目をさせても、頭の中から有害なものを早く流し出してしまおうというための一種の知恵である。忘却法としてはもっとも原始的で、過激なものであろう。それだけに、効果はある。

　いくら効果的だからと言って、たえずヤケ酒をあおっていれば、頭はとにかく、体の方がまいってしまうのは必定。よほどのことでない限り、この手は使わないことだ。

　ちょっと、気分を変えたい。これも、それまでのことを一応棚上げして、新しい頭でものを考えようとしているのである。ちょっと頭を掃除する必要がある。まさか、そんなときに、いちいちヤケ酒を飲んだりする頓馬《とんま》はない。

　机をはなれて、お茶を飲みに出てもいい。場所を変えると、気分も変わる。前に転地のことを書いたが、これも一時的な転地である。気分一新する。それに飲みものを入れると、また、気持が変わる。こういうときの飲みもののことを英語で、リフレッシメンツ（refreshments）と言う。リフレッシというのは、「気分をさわやかにする」「生き返った気分にする」という動詞。それを名詞にしたリフレッシメンツは、「軽い食事、茶菓」のことになる。

ヤケ酒ほどはげしくはないにしても、口にものを入れることで、それまで頭の中にあるものを流し、整理できる。忘れる効果があるのだろう。

　それとは別に、何かほかのことをすると、忘れられる。前に、見つめるナベは煮えない、について書いた。忘れるヒマもないほど、ひとつことに、こだわっていると、かえってできるものまで、できなくなってしまう。忘れてやらないといけない。

　それかと言って、忘れよう、忘れようと努力しても、さほど効果はない。かえって、忘れにくくなる。眠られぬ夜、眠らなくてはとあせればあせるほど、目がさえてくるのに似ている。そういうときはかえって、本を読む。難しい本をわかろうとして読む。しばらくすると、眠くてしかたがなくなってくるから、不思議だ。

　忘れるときにも、ほかのことをすればいい。ひとつの仕事をしたら、すぐそのあと、まったく別のことをする。それをしばらくしたら、また、新しい問題にかかる。長く同じことを続けていると、疲労が蓄積する。能率が悪くなってくる。ときどき一服してやり、リフレッシュする必要があるのはそのためだ。しかし、別種の活動ならば、とくに休憩などしなくても、リフレッシュできる。

勉強家は朝から晩まで、同じ問題を考えている。いかにも勤勉なようだが、さほど効率はよくない。田舎の勉強、京の昼寝、というが、時間のありあまるほどある人が、没頭して時の移るのを忘れる勉強をしても、それほど、うまく行かない。むしろ、休み休みの方が進むものは進む、ということを教えたことばであろう。

この点、だれが考えたのか知らないが、たいへんうまいことをしているのが、学校の時間割。国語をやったら、数学、そのあとは社会をして、理科、体育をしたら図工。こういうように、一見、脈絡のないことを次々やる。詰め込みだと見る人も出てくる。もうすこし、組織的にしてはどうかというので、二時間続きの授業を試みたりする高校があるけれども、すこし考えが違っているように思われる。倉庫型の頭をつくるのならともかく、ものを考える頭を育てようとするならば、忘れることも勉強のうちだ。忘れるには、異質なことを接近してするのが有効である。学校の時間割はそれをやっている。

しかも、授業と授業との間に、休み時間をもうけている。これは、忘却準備の休みである。存分に校庭を飛びまわって、空気によるリフレッシメンツをとり入れるのが望ましい。

それから、汗を流すのが忘却法として効果があるようだ。気分爽快になるのは、頭がきれいに掃除されている、忘却が行なわれている証拠である。適度のスポーツは頭の働きをよくするのに必須の条件でなくてはならない。血のめぐりというが、頭は体の一部である。体の血のめぐりをよくしないで、頭の血のめぐりだけよくしようというのは無理な註文であろう。もっとも、首から上が切れている人は別である。

汗を流すまでには至らないが、散歩も体を使うことで、忘却を促進する効果がある。これは古くから人々に注意されてきているようで、西欧の哲学者は好んで、逍遥《しょうよう》し、散策のうちに思索をまとめ、発見に導かれた。

気にかかることがあって、本を読んでも、とかく心が行間へ脱線しがち、というようなときには、思い切って、散歩に出る。歩くのも、ブラリブラリというのはよろしくない。足早に歩く。しばらくすると、気分が変化し始める。頭をおおっていたもやのようなものがすこしずつはれて行く。

三十分もそういう歩き方をすると、いちばん近い記憶の大部分が退散してしまう。さっぱりする。そして、忘れていた、たのしいこと、大切なことがよみがえってくる。頭の整理が終了したのである。帰って、本に向えば、どんどん頭に入ってくる。

さきにものべたが、忘れられるのは、さほど価値のないことがらである。すくなくとも、本人が心の奥深いところでそう考えているものは忘れるともなく忘れる。いかに些細なことでも、興味、関心のあることは決して忘れたりはしない。忘れるとは、この価値の区別、判断である。

講義や講演をきいて、せっせとメモをとる人がすくなくない。忘れてはこまるから書いておくのだ、というが、ノートに記録したという安心感があると、忘れてもいいと思うのかどうか、案外、きれいさっぱり忘れてしまう。本来なら、忘れるはずのないことまで忘れる。

めったにメモをとらないことだ。ただ、ぼんやり聴いていると、大部分は忘れるが、ほんとに興味のあることは忘れない。こまかく筆記すると、おもしろいことまで忘れてしまう。

つまらないことはいくらメモしてもいい。そうすれば安心して早く忘れられる。

大切なことは書かないでおく。そして、忘れてはいけない、忘れたら、とり返しがつかないと思っているようにするのである。

人間は、文字による記録を覚えて、忘れることがうまくなった。それだけ頭もよくなったはずである。

時の試練

いま、島田清次郎という小説家のことを知っているのは、近代文学を専門にしている研究者くらいであろう。その『地上』（大正八年）という作品が天下の話題になったのを知る人はもうほとんどなくなろうとしている。

島田清次郎は大正の文学青年から見て、まさに天才であった。それを疑うものはすくなかった。それがどうであろう。僅か六十年にして、ほぼ、完全に忘れられてしまった。当時としては、むしろ、夏目漱石の文学について疑問をいだくものが多かった。批判もすくなくなかった。それがいまでは国民文学として、近代文学において比肩しうるものなしといわれるまでになっている。

大正の中葉において、現在のことを予測し得たものはほとんどなかったと言ってよい。流行というのはそれくらい人の目をくるわすものである。「現代」はいつの時代においてももっとも不可解である。古い時代のことはよくわかる。あまり大きな見当違いはもうおこらない。それだのに、何でも直接に見聞して知っているはずの現在のことが実にわからない。まれにわかったと思うと、とんでもない判断をしてしまう。

文学史家はこのことをよく承知している。ときに、現代文学史を試みる人もないではないが、だいたいの史家は、現代に近づくことをおそれる。三十年、五十年前のところまでで、筆を止めるのが普通になっている。

それでも、新しいところへさしかかるにあたっては、「まだ、これらの作家、作品は、時の試錬を経ていない。いま不用意にその軽重をあげつらうことは慎しまなくてはならない」といった意味の常套句をかならずと言ってよいほど用意しているものだ。

その裏には、おびただしい失敗例がごろごろしている。なぜ、いちばんよくわかっているはずの目前のことがそれほどわからないのか。ひとつには、それまでの考え、それにもとづく流行の色眼鏡をかけて見ているからである。まわりがひとしくかけている眼鏡をはっきり一時的なものと看破することは難しい。そのメガネ越しでは、新しいものがあらわれても見えない。たとえ見えても、怪奇な姿にうつるであろう。とうてい真の価値を見ることはできない。

もうひとつは、新しいものが、あまりにも新しいことが、本来の姿でない姿をさせていることがある。大工は生木で家を建てない。新しい木はいいようであるが、建築材料にはならない。乾燥してくると、ゆがむからである。変形する前の生木は、木材としては、いわば、仮の姿である。時間をかけて変わるべきところは変わらせてからでないと、家を建てることはできない。

新しい文学作品についても、ほぼ同じことが言える。作者の手を離れたばかりの作品は、生木に当る。それは文学史という家を作るにはまだ新しすぎる。〝時の試錬〟を経させて、風をあて、乾燥させる必要がある。

時間が経てば、たとえ微少でも、風化がおこる。細部が欠落して、新しい性格をおびるようになる――これが古典化の過程である。原稿のときとまったく同じ意味をもったままで古典になったという作品は、古今東西、かつてなかったはずである。かならず、時のふるいにかけられて、落ちるものは落ちて行く。

ときには、作品そのものが埋没してしまうことがあるかもしれない。発表当時は、天下の耳目をそばだたせた島田清次郎『地上』が半世紀もたたないうちに、まったく忘れられてしまったのはその一例である。湮滅《いんめつ》こそ免がれはしたものの、生木のときとは、大きく違ったものになったという場合もないではない。

スイフトの『ガリバー旅行記』は十八世紀の作品である。もともとは当代の政治情況に対するきびしい諷刺であった。ところが、次の時代からすでに、読者にわからないところが出てきて、これは時代が下るにつれてますます多くなった。一般に諷刺というものは、風化が急速に進むのが一般である。やがて、『ガリバー旅行記』を諷刺として読む人はなくなった。そこでこの作品は忘れ去られてもよかったのである。

ところが、新しい読み方が行なわれるようになって、これをリアリズムの童話に変身させた。それとともに、『ガリバー旅行記』の古典化が起った。政治諷刺であることをやめてはじめて、世界的なひろがりの読者層をもつことができるようになったのである。

〝時の試錬〟とは、時間のもつ風化作用をくぐってくるということである。風化作用は言いかえると、忘却にほかならない。古典は読者の忘却の層をくぐり抜けたときに生れる。作者自からが古典を創り出すことはできない。

忘却の濾《ろ》過《か》槽《そう》をくぐっているうちに、どこかへ消えてなくなってしまうものがおびただしい。ほとんどがそういう運命にある。きわめて少数のものだけが、試錬に耐えて、古典として再生する。持続的な価値をもつには、この忘却のふるいはどうしても避けて通ることのできない関所である。

この関所は、五年や十年という新しいものには作用しない。三十年、五十年すると、はじめてその威力を発揮する。放っておいても五十年たってみれば、木は浮び、石は沈むようになっている。

これを自然の古典化とするならば、人為による古典化作用ともいうべきものもある。自然の古典化は、長い時間の流れを必要とする。放っておいても古典化は起るかわりに、一生かかっても完了しないおそれがある。もっと短い時間で、時の試錬を完了させることはできないものか。

とくに努力しなければ、古典化には三十年も五十年もかかる。その時間を短縮するには、忘却を促進すればよい道理である。自然に忘れるのにまかせておかないで、忘れる努力をする。前章でのべたように、頭の中をたえず整理し、忘れやすいようにするならば、忘却の時間はいちじるしく短縮できるであろう。

一時の思いつきは、当座は、いかにもすばらしい。しかし、それは、生木のアイディアである。早く水分を抜いてやらないといけない。メモに書く。書けば安心する。安心すれば忘れやすい。しばらくして、見返す。ほんの十日か二週間しかたっていないのに、もう腐りかけているのがある。どうしてこんなことをことごとしく書きつけたりしたのかと首をひねる。風化は進んでいるのである。

ノートへ移してやるのはいわば、第一次の試練にパスしたものである。これも、しばらくして再検討すると、やはり、おもしろくなくなってしまうものが出てくる。

これが第二次の時の試練である。ここを通り抜けたものを、前に紹介したメタ・ノートへ移す。こうして、変らないものを見つけて行く。逆から言えば、変わりやすいものを忘れて行く。

忘却は古典化への一里塚ということである。なるべく忘れた方がいいと言っているのも、個人の頭の中で、古典的で不動の考えを早くつくり上げるには、忘却が何よりも大切だからにほかならない。

思考の整理には、忘却がもっとも有効である。自然に委ねておいては、人間一生の問題としてあまりにも時間を食いすぎる。それかといって、生木の家ばかりいくら作ってみても、それこそ時の風化に耐えられないことははっきりしている。

忘れ上手になって、どんどん忘れる。自然忘却の何倍ものテンポで忘れることができれば、歴史が三十年、五十年かかる古典化という整理を五年か十年でできるようになる。時間を強化して、忘れる。それが、個人の頭の中に古典をつくりあげる方法である。

い。

　そうして古典的になった興味、着想ならば、かんたんに消えたりするはずがない。

　思考の整理とは、いかにうまく忘れるか、である。

すてる

知識は多ければ多いほどよい。いくら多くのことを学んでも、無限と言えるほどの未知が残っている。

万有引力のニュートンは次のように言ったと伝えられている。

「世間ではわたくしのことをどう思っているか、知らないが、自分では、自分のことを浜辺で遊んでいるこどもみたいだと思っている。ときどき珍しい小石や貝を見つけて喜んでいるが、向うにはまったく未知の真理の大海が横たわっているのだ」。

この真理の大海をきわめつくすことはできないにしても、知識は多ければ多いほどよいのははっきりしている。お互い小学校へ入ってから、つねに、知識の不足にひそかに悩んできた。とにかく、知識を仕込まなくてはならない。

それに気をとられていて、頭の中へ入った知識をどうするか、についてはあまり考えることがない。それでもの知りができる。もの知りは知識をただ保有しているだけ、ということがすくなくない。

「知識それ自体が力である」（ベーコン）と言うけれど、ただ知識があるだけでは、すくなくとも、現代においては力にはなり得ない。知識自体ではなく、組織された知識でないとものを生み出すはたらきをもたない。

それればかりではない。知識の量が増大して一定の限度を越すと、飽和状態に達する。あとはいくらふやそうとしても、流失してしまうのである。だいいち、その問題に対する好奇心がうすれてきて、知識欲も低下する。

収穫逓減《しゅうかくていげん》の法則、というのがある。

一定の土地で農作物を作るとき、それに投じられる資本と労力の増加につれて生産高は上がって行くが、ある限界に達すると、こんどは生産が伸びなくなって行く現象を支配する法則のことである。

似たことが知識の習得についても見られるように思われる。はじめは勉強すればするほど知識の量も増大して能率があがるが、かなり精通してくると、壁につき当る。もう新しく学ぶべきことがそれほどなくなってくる。なによりもはじめのころのような新鮮な好奇心が失われる。初心忘るべからず、などと言うのは無理である。

二十年、三十年とひとつのことに打ち込んでいる人が、そのわりには目ざましい成果をあげないことがあるのは、収穫逓減を示している証拠である。この一筋につらなる、というのが、かならずしも、黄金律でないのもそのためだ。

知識ははじめのうちこそ、多々益々弁ず、であるけれども、飽和状態に達したら、逆の原理、削り落し、精選の原理を発動させなくてはならない。つまり、整理が必要になる。はじめはプラスに作用した原理が、ある点から逆効果になる。そういうことがいろいろなところでおこるが、これに気付かぬ人は、それだけで失敗する。

たとえて見れば、マラソンのレースのようなものである。前半は、スタート地点から遠くへ行けば行くほどよいが、後半は、逆に、スタート地点へ向って走る。スタートのところにゴールがあるからだ。折返し点がある。そこをまわったら反対の方向を走る。折返し点をまわらずに、まっすぐ走り続ければ、いつまでたってもゴールはない。知的マラソンレースにおいても、折返し点をまわらないで突っ走るランナーがすくなくない。

折返し点以後では、ただ、知識をふやすだけではいけない。不要なものはどんどんすてる。忘却の要についてはすでにのべたが、これによって、思考に活力をもたらすことができる。

ここでは、いったんは習得した知識をいかにしてすて、整理するか、について考える。

家庭でガラクタがふえてくると、すてる。古新聞古雑誌がたまって場ふさぎになる。たまってくると、屑に払ってしまう。これにためらいを感じる人はあるまい。そんなものをとっておいたのでは、人間の住むところがなくなってしまう。

一般に年寄りはガラクタを大事にする傾向がある。菓子折の杉箱がみごとだと言って空箱を保存する。空箱が山のようになる。若い人はそれをすてようというが、老人はもったいないと言って譲らない。

新聞雑誌なら古いものはゴミにする人も、書物だと、かんたんにチリ紙交換に出したりしない。ひょっとするといるかもしれないという気持が手伝うのであろう。しかし、いよいよ本があふれてくると、パニック状態に陥って、何でもかんでもすててしまえ、という衝動にかられる。よく考えもしないで、手当り次第に整理する。

さっぱりしたと思っていると、調べものをしていて、あの本に、と目星をつけた本が、売払ってしまったあとだったりする。やっぱり、めったなことでは本を売ってはならない。大は小を兼ねる、などとうそぶいて、また何でも保存するようになる。

　こういう後悔をしなくてはならないのは、日ごろ整理の方法を考えたことがないからである。集めるのも骨であるけれども、すてる、整理するのは、さらにいっそう難しい。

　知識について言っても、習得については、記憶、ノート、カードづくりなどいろいろ考えられているのに、整理についてはほとんど何も言わない。学校なども、知識の学習にはやかましく言うけれども、いっぱいになった頭の掃除についてはまったく教えるところがない。忘却というのが、学習に劣らず、あるいは、それ以上に難しいことを知らずに学校を出てしまうのは、決して幸福なことではない。

　ガラクタの整理ですら、あとになって、残しておけばよかったと後悔することがある。まして、知識や思考についての整理であるから、ひょっとしたら、あとで役に立つのではないかと考え出したら、整理などできるものではない。それでも、知識のあるものはすてなくてはならない。それを自然に廃棄して行くのが忘却である。意識的にすてるのが整理である。

いまかりに、Ａの問題について、カードをとったのが一〇〇〇枚になったとしよう。こんなに多くては身動きができない。まず、いくつかの項目に分類する。分類できないものを面倒だからというので、片端から棄てるのは禁物。

　この分類されたものを、じっくり時間をかけて、検討する。急ぐと、ひそんでいる価値を見落すおそれがある。ひまにまかせてゆっくりする。忙しい人は整理に適しない。とんでもないものをすててしまいやすい。整理とは、その人のもっている関心、興味、価値観（これらはだいたいにおいて同心円を描く）によって、ふるいにかける作業にほかならない。価値のものさしがはっきりしないで整理をすれば、大切なものをすて、どうでもいいものを残す愚をくりかえすであろう。かりに、価値のものさしがあっても、ゴムでできていて、時によって、伸び縮みするようなら、これまた没価値的整理と選ぶところがない。こどもには整理をまかされない。こどもだけではない。他人に整理をゆだねられないのはこのためである。

　すてるには、その人間の個性による再吟味が必要である。これは没個性的に知識を吸収するのに比べてはるかに厄介である。

　本はたくさん読んで、ものは知っているが、ただ、それだけ、という人間ができるのは、自分の責任において、本当におもしろいものと、一時の興味との区分けをする労を惜しむからである。

たえず、在庫の知識を再点検して、すこしずつ慎重に、臨時的なものをすてて行く。やがて、不易の知識のみが残るようになれば、そのときの知識は、それ自体が力になりうるはずである。

これをもっともはっきり示すのが、蔵書の処分であろう。すてるのではないが、本を手放すのがいかに難しいか。試みた人でないとわからない。ただ集めて量が多いというだけで喜んでいてはいけない。

とにかく書いてみる

考えをまとめようとして、なかなか思うように行かなくて、いらいらすることがある。よく調べて、材料はたっぷりあるのだが、むしろ、たっぷりありすぎるから、どうまとめたらよいか、途方にくれる、というのかもしれない。

まとめ、というのは、実際やってみると、なかなか、たいへんな作業であるのがわかる。その面倒さにてこずったことのある人は、だんだん、整理したり、文章にまとめたりすることを敬遠するようになる。そして、ただ、せっせと本を読む。読めば知識はふえる。材料はいよいよ多くなるが、それだけ、まとめはいっそうやっかいになる。こうして、たいへんな勉強家でありながら、ほとんどまとまった仕事を残さないという人ができる。

もうすこし想を練らなくては、書き出すことはできない——卒業論文を書こうとしている学生などが、よく、そう言う。ぐずぐずしていると、時間がなくなってきて、あせり出す。あせっている頭からいい考えが出てくるわけがない。

そういうときには、

「とにかく書いてごらんなさい」

という助言をすることにしている。ひょっとすると、書くのを怖れる気持があるのかもしれない。それで自分に口実をもうけて、書き出すのを一日のばしにする。他方では、締切りが迫ってくるという焦躁も大きくなってくる。

頭の中で、あれこれ考えていても、いっこうに筋道が立たない。混沌としたままである。ことによく調べて、材料がありあまるほどあるというときほど、混乱がいちじるしい。いくらなんでもこのままで書き始めるわけには行かないから、もうすこし構想をしっかりしてというのが論文を書こうとする多くの人に共通の気持である。それがまずい。

気軽に書いてみればいい。あまり大論文を書こうと気負わないことである。力が入ると力作にならないで、上すべりした長篇に終ってしまいがちである。いいものを書きたいと思わない人はあるまいが、思えば書けるわけではない。むしろ、そういう気持をすてた方がうまく行く。論文でなく、報告書、レポートでも同じだ。

こどものとき実にいい字を書いたのに、大人になると、どうしてこんなことになったのかというほどあわれな字を書く人がすくなくない。こどものときは、無心である。うまく書こうとは思わないから、かえって、のびのびしたいい字になった。すこしほめられたりして自信がつくと、こんどは上手に書いて、ほめられたいという気持がおこってくる。そうすると、なかなか上達しない。文章を書くのも同じであって、欲を出すと逆効果になる。

まだまだ書けないと思っているときでも、もう書けると、自分に言いきかす。とにかく書き出すと、書くことはあるものだ。おもしろいのは、書いているうちに、頭の中に筋道が立ってくる。頭の中は立体的な世界になっているらしい。あちらにもこちらにもたくさんのことが同時に自己主張している。収拾すべからざる状態という感じは、そこから生じるのであろう。

書くのは線状である。一時にはひとつの線しか引くことができない。「ＡとＢとは同時に存在する」、と考えたとしても、ＡとＢとを完全に同時に表現することは不可能で、かならず、どちらかを先に、他をあとにしないではいられない。

裏から言うと、書く作業は、立体的な考えを線状のことばの上にのせることである。なれるまでは多少の抵抗があるのはしかたがない。ただ、あまり構えないで、とにかく書いてみる。そうすると、もつれた糸のかたまりを、一本の糸をいと口にして、すこしずつ解きほぐして行くように、だんだん考えていることがはっきりする。

また、書こうとしてみると、自分の頭がいかに混乱しているかがわかったりすることもある。そういう場合でも、とにかく書いてみようとしていれば、すこしずつだが、筋道がついてくる。

頭の中にたくさんのことが表現を待っている。それが一度に殺到したのでは、どれから書いたらよいのか、わからなくなってしまう。ひとつひとつ、順次に書いて行く。どういう順序にしたらいいかという問題も重要だが、初めから、そんなことに気を使っていたのでは先へ進むことができなくなる。とにかく書いてみる。

書き進めば進むほど、頭がすっきりしてくる。先が見えてくる。もっともおもしろいのは、あらかじめ考えてもいなかったことが、書いているうちにふと頭に浮んでくることである。そういうことが何度も起れば、それは自分にとってできのよい論文になると見当をつけてもよかろう。

書き出したら、あまり、立ち止まらないで、どんどん先を急ぐ。こまかい表現上のことなどでいちいちこだわり、書き損じを出したりしていると、勢いが失われてしまう。

全速力で走っている自転車は、すこしくらいの障害をものともしないで直進できる。ところがノロノロの自転車だと、石ころひとつで横転しかねない。速度が大きいほどジャイロスコープの指向性はしっかりする。

いかに論文だからとは言え、書いては消し、消しては書くといったことをしていれば、何を言おうとしているかわからなくなる。一瀉千里《いっしゃせんり》に書く。とにかく終りまで行ってしまう。そこで全体を読み返してみる。こうなればもう、訂正、修正がゆっくりできる。

推敲《すいこう》する。部分的な改修ではなく、構造的変更、つまり、まん中の部分を冒頭へ、あるいは、最後部を最初へもってくる、という大手術を加える必要もあろう。ただ、一応、終りまで行っているという安心感があるから、ゆとりをもって、工夫をこらすことができる。

第一稿が満身創痍《まんしんそうい》になったら、第二稿を作る。これもただ第一稿の訂正のあとを写しとるというのではつまらない。新しい考えをなるべく多くとり入れるように努めながら、第二稿を作りあげる。これもまた推敲する。それで目立って改善されたようだったら、第三稿を作る。もうこれ以上は手を加える余地がないというところに至ってはじめて、定稿にする。書きなおしの労力を惜しんではならない。書くことによって、すこしずつ思考の整理が進むからである。何度も何度も書きなおしをしているうちに、思考の昇華の方法もおのずから体得される。

　書いてみることのほかに、聴き上手な相手を選んで、考えていることをきいてもらうのも、頭の整理に役立つ。ときには、めったなことを話してはいけないということもある。それと矛盾するようだが、整理のためにはとにかく表現してみるのがよい。

　原稿に書いたものを推敲する場合でも、黙って読まないで音読すると、考えの乱れているところは、読みつかえるからすぐわかる。声も思考の整理にたいへん役立つのである。

『平家物語』はもともと語られた。くりかえしくりかえし語られている間に、表現が純化されたのであろう。たいへんこみ入った筋であるにもかかわらず、整然として頭に入ってくる。作者はいかにも頭脳明晰であるという印象を与えるが、これはひとりの作者の手柄ではなく、長く語ってきた琵琶法師の集団的功績ともいうべきものであろう。

　思考は、なるべく多くのチャンネルをくぐらせた方が、整理が進む。頭の中で考えているだけではうまくまとまらないことが、書いてみると、はっきりしてくる。書きなおすとさらに純化する。ひとに話してみるのもよい。書いたものを声を出して読めば、いっそうよろしい。『平家物語』が〝頭がいい〟のは偶然ではない。

テーマと題名

論文や研究発表の題に、こまかい規定のついたものがある。たとえば、「ヘミングウェイの文体の特徴、とくに、初期作品における形容詞の使用についての一考察」といったものである。

これは「ヘミングウェイの文体」として、あとは実際の中身を見て判断してもらう、というやり方もある。それに比べて、さきのようにこまかい但し書きがついていると、その論文が、何をのべようとしたものかの見当がついて便利ではある。同時に、あまり手のうちを見せてしまうと、かえって興味をそそられることがすくなくなるというマイナスもないではない。かえって、ただ「ヘミングウェイの文体」としておいた方が、ふくみがあっておもしろいかもしれない。

あまりこまかく規定するとうるさい感じになるから、実際としては、おおざっぱな題名のつけ方が好まれる。

ところで、論文を書こうとしている学生にどういうことを書きたいのか、テーマは何かときいてみると、とうとうとしゃべり出す。五分たっても十分たっても終らない。きいている方では、いったい何を考えているのか、だんだんわからなくなってしまう。

これは、まだ、構想ができていない、考えが固まっていないことを暴露しているものだが、一部には、こういう場合、なるべくことこまかにのべるのがよいという誤解があるらしい。長く説明しなければならないほど、考えが未整理なのである。よく考え抜かれてくれば、おのずから中心がしぼられてくる。「ヘミングウェイの文体の特徴、とくに、初期作品における形容詞の使用についての一考察」にしても、「ヘミングウェイの形容詞」とした方がかえって、書く人の意図をよく伝えるかもしれない。

だいたい、修飾語を多くつけると、表現は弱くなる傾向をもっている。「花」だけでいいところへ「赤い花」とすると、かえって含蓄が小さくなる。「燃えるようなまっ赤な花」とすると、さらに限定された花しか伝えなくなる。修飾を多くすれば、厳密になる場合もあるけれども、不用意に行なうと、伝達性をそこないかねない。厭味になることもある。

一般に、長い間、語り伝えられてきたおとぎ話などには、あまり形容詞がない。

「花」は「花」であって、「燃えるようなまっ赤な花」はまずあらわれない。名詞中心である。

　表現をぎりぎりに純化してくると、名詞に至る。まず、副詞が削られる。研究論文の題目、その他の題名に、副詞（きわめて、すみやかに、など）の用いられていることは例外的であろう。副詞の次には、形容詞もぎりぎり必要なものでない限り、落した方が、考えがすっきりする。削り削って、さいごに名詞が残るというわけである。

　思考の整理は名詞を主とした題名ができたところで完成する。これを図で示すと次のようになる。

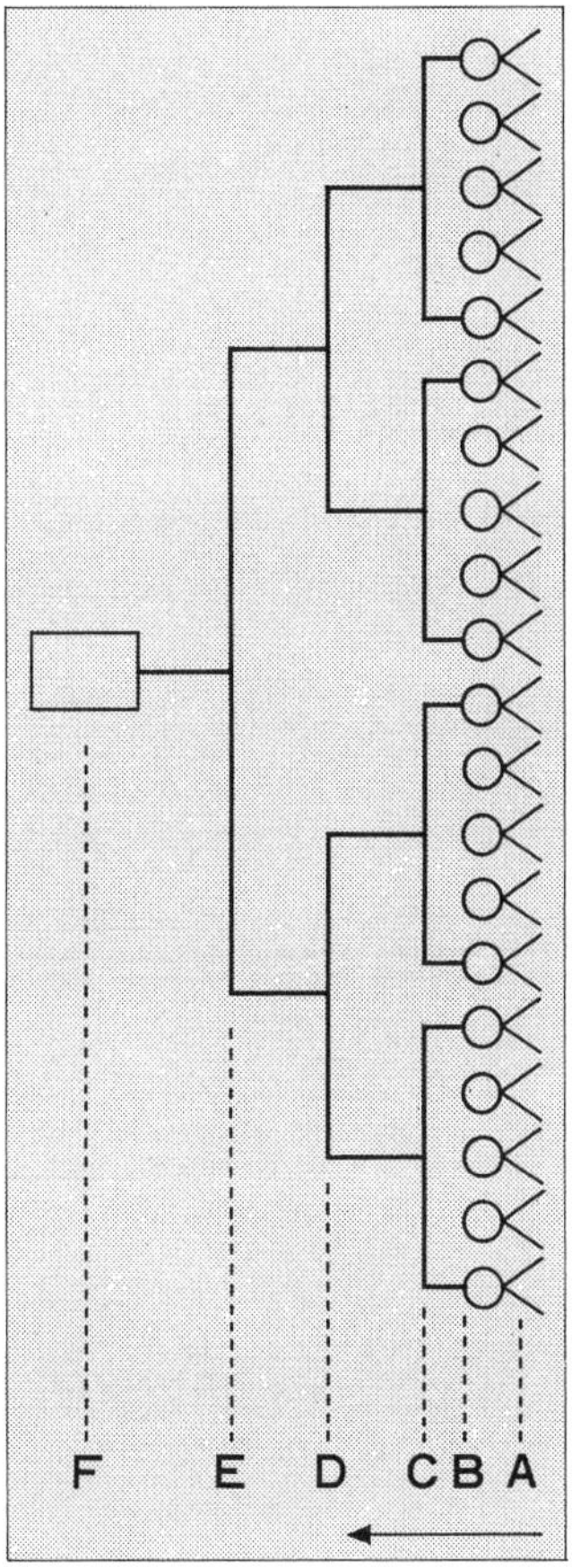

全体がこのように整理されたとする。右のＡから、Ｆへ向って、段階的に抽象化が行なわれている。右端のＡはひとつひとつの文章である。これがいくつか集まって、パラグラフができる。Ｂである。Ｂが集まって、節Ｃを形成する。これがさらにまとめられて章（チャプター）ができる。Ｄである。その上の区分、第一部、第二部というのがあればそれがＥで、最後に、全体をまとめる表題のＦがやってくる。

逆に言えば、Ｆというテーマは、第一部と第二部に分かれ、それぞれが、いくつかのチャプターに区分され、それはさらにまた下部の節に細分化され、それはまたパラグラフになり、ついにはひとつひとつのセンテンスになるという具合である。

この構成を形の上ではっきりさせるのが、数字による表記法である。たとえば、第一部、第一章、第一節は、１・１・１となる。同じく第二節は１・１・２である。第二部、第二章、第三節ならば、２・２・３として表わされる。

アメリカの学術書などでひろく行なわれていてなじみ深いものになっているが、わが国では、まだ、一般的でない。抽象のハシゴをのぼってテーマや題名に至ることをこれほどはっきりさせる方法はすくない。実際にそういう構成で文章を書くかどうかは別として、考えをまとめるときの参考にはなる。「ヘミングウェイの文体の特徴、とくに、初期作品における形容詞の使用についての一考察」といった題名がついていれば、この題名がどういう意味であるか、理解に苦しむということはまずない。ところが、「ヘミングウェイの形容詞」といった題名がついている論文だと、形容詞がどうしたのか、よくわからない。この表題だけから内容を想像すると、見当外れになることがないとは言えない。

それだけに、本文を読んで見ようか、読まなくてはいけない、という気持をおこさせる。さきの長い題だと、それだけでもうわかったというので、読もうという気にならないかもしれない。

学術的研究ではなく、一般の書物の題名になると、さらに、内容を推測する手掛りにはなりにくい。新しい本の題名を見て、それをどういう本だときめることは多くの場合、危険である。

三上章《みかみあきら》というすぐれた文法学者がいた。その人の主著のひとつに、『象は鼻が長い』がある。この題名を見て、書店では、てっきり童話の本だと思って、こどもの本の棚へ入れてしまう。知らない客が、そのつもりで買うということがないとは言えない。実は、この本は二重主格を扱った日本文法論なのである。

「英語青年」という伝統のある英文学雑誌がある。中学生が誌名につられて買ってきて読もうとしたが、歯が立たない。編集部へ抗議のはがきを書いたという話もある。

とにかく、題名、書名はくせものである。ことに外国の本の題名だけを見て、これはこういう本であると断定するのはたいへん乱暴である。題名の本当の意味ははじめはよくわからないとすべきである。全体を読んでしまえば、もう説明するまでもなくわかっている。

実際に、本の題名などは、中身がすっかりでき上がってしまってから、最後につけられることがすくなくない。また、新聞や雑誌へ寄稿する原稿には、わざと題名をつけずにおくことがある。編集部で、おつけください、という心である。題名ひとつで、文章が生きたり、死んだりする。それほど重要なものである。テーマを明示したり、あるいは象徴したりするからである。

アメリカで出た論文作成の指導書に、

「テーマはシングル・センテンス（一文）で表現されるものでなくてはならない」

という注意があった。おもしろいと思ったから記憶にのこっている。はじめにのべたように、テーマを説明させたら、十分も十五分もしゃべっているようでは、とても、シングル・センテンスでまとめるなどという芸当はできまい。一文で言いあらわせたら、その中の名詞をとって、表題とすることは何でもないはずである。思考の整理の究極は、表題ということになる。

ホメテヤラネバ

ものを考えるのは、いわゆる仕事と違って、なかなか、うまく行かない。仕事なら、どんどん片付いて行くが、考えごとは、いつまでたってもらちのあかないことがすくなくない。同じところを堂々めぐりしている。そのうち、これはダメかもしれない、と思い出す。

そんな場合、思いつめるのはよくない。行きづまったら、しばらく風を入れる。そして、かならず、できる、できる、よく考えれば、いずれは、きっとうまく行く。そういって自分に暗示をかけるのである。間違っても、自分はダメなのではないか、いや、ダメなのだ、などと思い込まないことである。

そういうように消極的だと、できるものさえできなくなってしまう。とにかく、できる、できる、と自分に言いきかす必要がある。そんなこどもだましが役に立つものかと笑う人があるかもしれないが、たとえ口先だけでも、もういけない、などと言えば、本当に力が抜けてしまう。自己暗示が有効にはたらくのはそのためである。

思考はごくごくデリケートなものである。前にものべたように、いい考えが浮んでも、そのときすぐにおさえておかないと、あとでいくら思い出そうとしても、どうしても再び姿を見せようとしない場合もある。

ある詩人は、半ば陶酔の状態で詩作をしていた。そこへ人が訪ねて来て、中断したら、そのあと、それまでのヴィジョンはすっかり消えてしまい、二度とその流れを再現できなかったという。

考えごとをしていて、おもしろい方向へ向い出したと思っていると、電話のベルがなる。その瞬間に、思考の糸がぷっつりと切れて、もう手がかりもなくなってしまうという経験もする。まして、電話に出て、ひとしきり話をして机へもどってくると、別の人間になってしまう。さっき何を考えていたかなど、まるで忘れてしまっている。原稿を書いていて、電話に出る。終って、また書き続けようとしても、それまでどういうように考えていたかがわからなくなってしまい、混乱するというのもよくある。

それくらい姿をかくしやすいのが考えごとである。せっかくこれはと思った着想などを、ほかの人からにべなく否定されてしまうと、ひどい傷手《いたで》を受ける。当分はもう頭を出そうとしない。ひょっとすると、それで永久に葬り去られてしまいかねない。

そういう体験を何度もくりかえしていると、ひとの考えに対して、不用意なことばを慎しまなくてはならないと悟るようになる。

自分の考えに自信をもち、これでよいのだと自分に言いきかせるだけでは充分でない。ほかの人の考えにも、肯定的な姿勢をとるようにしなくてはならない。どんなものでもその気になって探せば、かならずいいところがある。それを称揚する。

よくわからないときにも、ぶっつけに、

「さっぱりわかりませんね」

などと水をかけるのは禁物である。

「ずいぶん難しそうですが、でも、何だかおもしろそうではありませんか」

とやれば、同じことでも、受ける感じはまったく違ってくる。すぐれた教育者、指導者はどこかよいところを見つけて、そこへ道をつけておく。批評された側では、多少、けなされていても、ほめられたところをよりどころにして希望をつなぎとめることができる。

　全面的に否定してしまえば、やられた方ではもう立ち上がる元気もなくなる。自分でダメだと言うのでさえひどい打撃である。ましてや他人からダメだときめつけられたら、目の前がまっ暗になってしまう。

　お互いに自分の過去をふりかえって、とにかくここまでやってこられたのはだれのおかげかと考えてみると、たいていは、ほめてくれた人が頭に浮ぶのである。ある老俳人は、ほめられたからこそ、ここまで進歩したとしみじみ述懐している。ほめてくれた批評によって伸びた。けなされたことからはほとんど裨益《ひえき》されなかったというのである。

　友には、ほめてくれる人を選ばなくてはいけないが、これがなかなか難しい。人間は、ほめるよりけなす方がうまくできている。いわゆる頭のいい人ほど、欠点を見つけるのがうまく、長所を発見するのがへたなようである。

　ほめられると、われわれの頭は調子に乗る。つい勢いづいて、思いもかけないことが飛び出してくる。

　ピグマリオン効果というのがある。四十人の生徒のいるクラスを二十人ずつ二つのグループＡ、Ｂに分ける。学力はＡＢ平均して同じようにしておく、まず第一回のテストをする。Ａのグループには採点した答案をかえすが、Ｂのグループの答案は見もしないで、教師がひとりひとり生徒を呼んで、テストの成績はよかったと告げる。もちろん、でたらめである。

やがてしばらくしてまた、第二回のテストをする。前と同じようにＡグループには点のついた答案を返し、Ｂグループにはひとりひとりを呼び出して、こんどもよくできていた、と答案は見せず、返さずに伝える。生徒はいくらか不審に思うが、ほめられるのは悪くない。あまりうるさいせんさくはしないでそのままにしてしまう。

こういうことを何度かくりかえしたあと、こんどは全員の答案を採点、ＡＢ両グループの平均点を出してみる。すると、ほめていたＢグループの方がＡグループより点が高くなっている。これがピグマリオン効果と呼ばれるものである。

まったく根拠なしにほめていても、こういうウソから出たマコトがある。まして、多少とも根をもったほめことばならば、かならずピグマリオン効果をあげる。まわりにうまくほめてくれる人がいてくれれば、いつもはおずおずと臆病な思考も、気を許して、頭を出してくれる。雰囲気がバカにならない。いい空気のところでないと、すぐれたアイディアを得ることは難しい。

考えごとをしていて、うまく行かないときに、くよくよしているのがいちばんよくない。だんだん自信を失って行く。論文や難しい原稿を書いている人にしても、書斎にこもりっ切りで勉強をしているタイプと、ちょいちょいたいした用もないのに人に会うタイプとがある。

ちょっと考えると、籠城《ろうじょう》している人の方がいい論文を書きそうであるが、実際は人とよく会っている人の方がすぐれたものを書くようだ。仲間と話しをする。みんな、ダメだ、ダメだ、と半ば口ぐせのように言っている。それをきくだけで、自分だけ苦労しているのではない。まだ、ましな方かもしれないという気持になる。間接的にほめられているようなものだ。帰ると意欲がわくということになる。ひとりでくよくよするのは避けなくてはいけない。人と話すのなら、ほめてくれる人と会うようにする。批評は鋭いが、よいところを見る目のない人は敬遠する。

見えすいたお世辞のようなことばをきいてどうする。真実に直面せよ。そういう勇ましいことを言う人もあるが、それは超人的な勇者である。平凡な人間は、見えすいたことばでもほめられれば、力づけられる。お世辞だとわかっていても、いい気持になる。それが人情なのではなかろうか。

われわれは、どうもお世辞を言うのにてれる。見えすいたことを口にするのを恥じる。しかし、どうせ、あいさつには文字通りの意味はないのである。朝寝坊した人でも人は「お早よう」と言う。ほめるのは最上のあいさつで、それによって、ほめられた人の思考は活潑になる。

V

しゃべる

声を出してみると、頭が違った働きをするのかもしれない。ギリシャの哲学者が、逍遥、対話のうちに、思索を深めたのも偶然ではないように思われる。沈思黙考は、しばしば、小さな袋小路の中に入り込んでしまって、出られないことになりかねない。

声で考えるのは、現代人においても決して見すてたことではなかろう。

書き上げた原稿を読みなおして、手を入れる。原稿は黙って書くが、読み返しは、音読する。すくなくとも、声を出すつもりで読む——これを建前にしている人が意外に多い。そして、もし、読みつかえるところがあれば、かならず問題がひそんでいる。再考してみなくてはならない。沈黙の読み返しでは、たいていこういうところを見のがしてしまう。

声は、目だけで見つけることのできない文章の穴を発見する。声は思いのほか、賢明なのであろう。

前に『平家物語』の〝頭がいい〟ことを書いたが、やはり声によって洗練されたものと思われる。

音読してみても、とどこおることがなくて、はなはだ流麗である。おそらく、琵琶法師の声による無数の推敲を経て、あのような結晶的純度に達したのであろう。声で考えることの大切さを改めて考えさせられる。

このように、声にすると考えていることが純化される例もあるけれども、何でも話してよいとは限らないのもまた事実である。

たとえば、何か、ちょっとしたアイディアを思いついたとする。昂揚したいい気分になる。友人にあったりすれば、話したくなる。半ば得意になって話したことに、相手がよほど人物ができているか、こういう点についての経験の豊かな人なら別だが、たいていは、あっさり、たいしたことではないといった反応をする。ことばに出してはっきり言わないまでも、そういった顔をする。

たっぷり寝させて、しっかり練り上げられ、すでに醗酵してアルコールになったような着想、テーマであっても、こういう冷たい仕打ちを受ければ、ひどい傷手をこうむる。ましてや、ホヤホヤの思い付きでは、ひとたまりもない。若芽はあえなくつぶされてしまい、二度と頭をもたげようともしないだろう。めったなことで新しいアイディアを人に得意顔に吹聴したりしてはいけないのである。

相手が気のおけない友人でもそうである。ましてや、先輩や先生だったりすると、打撃はいっそう深刻になる。よく学生が論文のテーマについて相談にやってくる。かいもく見当もつかないから、どうしたらよいのか、とにかく助言してくれという。これでは話にならないかわりに、学生としては失うものもないから何と言われようと気楽である。

そうではなくて、ちょっといいことを考えた。先生の意見をきいてみようなどと思って相談にくるのはたいへん危険である。教師は学生に対して友人同士とはちがい、〝権威〟をもっている。感心してもらえれば、勇気百倍するだろうが、もし、そんなこと……などと一蹴されたら、どうするのであろう。とりかえしがつかない。いい考えが得られたら、めったなことでは口にしてはいけない。ひとりであたためて、寝させておいて、純化をまつのが賢明である。そのことを知らないで、ひどい目にあったものがどれくらいあるか知れない。

教師も教師で、そういうときの何気ないひとことがどういう破壊力をもっているか、気付かないでいるのでは、ひとの指導などできるとは言いかねる。

そういう冷たい批評でせっかくのアイディアの芽をつぶされる危険のほかに、

むやみに口外してはいけない理由がある。とっときの考えは、やはり、とってお かないといけない。

話してしまうと、頭の内圧がさがる。溜飲《りゅういん》をさげたような快感がある。すると、それをさらに考え続けようという意欲を失ってしまう。あるいは、文章に書いてまとめようという気力がなくなってしまう。しゃべるというのが、すでにりっぱに表現活動である。それで満足してしまうのである。あえて黙って、表現へ向っての内圧を高めなくてはならない。

雑誌の編集者で文筆家志望のものははなはだ多い。ところが、編集という仕事が、ある種の表現欲求を満足させるのであろうか。やがて執筆しようという気持がうすれてしまうことがすくなくない。作家志望、文筆家志望者にとって編集はかなり危険な仕事と言うことができる。

ロバート・グレイヴスというイギリスの詩人がいた。詩では食っていかれない。詩人は身すぎ世すぎの仕事をしなくてはならないけれども、あまり文学と縁のふかい職業は考えものである。出版社に勤めるのなら、編集より発送係がいい――グレイヴスはそういう詩人への忠告をしている。創作へのエネルギーはとかく代償行動で肩代わりされやすいことを見抜いた言である。

口八丁手八丁、というが、口八丁の人はしばしば、口舌の徒で満足して、実際の行動はお留守になる。考えをしゃべるのも同じ落し穴にはまりこむ。考えたことを、うかつに、早まって、しゃべってはいけない。

だからと言って、自分の部屋にこもり切りになっていればいい、というわけのものでもない。やはり、談論の間に思いもかけない妙案を得ることがしばしばある。

得られた着想そのものをしゃべってはいけないのはすでにのべた通りである。それはとっておきの考えである。それとは別のところでのおしゃべりをする。

あまり、こまかいことを、批判的に考えたりすると、発想は萎縮してしまう。浮世離れたことを話す。

俗世を離れた知的会話とは、まず、身近な人の名、固有名詞を引っぱり出さないことである。共通の知人の名前が出ると、どうしても、会話はゴシップに終る。ゴシップからはネズミ一ぴき出ない。害あって益なしである。

つぎに、過去形の動詞でものを言わないことである。「……であった」「……した」という語り口もとかくゴシップがかる。「……ではなかろうか」「……と考えられる」といった表現を用いていれば、創造的なことが生れやすい。

それから、同業、同じ方面のことを専攻にしている人間同士が話し合うと、どうしても話題は悪く専門的になる。話が小さくなりがちである。便利な知識を得られるのはいいとしても、お互いに警戒的になっているときの頭からは、本当におもしろいことは飛び出してこないものである。

気心が知れていて、しかも、なるべく縁のうすいことをしている人が集まって、現実離れした話をすると、触媒作用による発見が期待できる。セレンディピティの着想も可能になる。なによりも、生々として、躍動的な思考ができて、たのしい。時のたつのを忘れて語り合うというのは、多くこういう仲間においてである。たくまずして、話ははじめから脱線している。脱線は脱線を誘発して、はじめはまったく予期しなかったところへ展開して行く。

調子に乗ってしゃべっていると、自分でもびっくりするようなことが口をついて出てくる。やはり声は考える力をもっている。われわれは頭だけで考えるのではなく、しゃべって、しゃべりながら、声にも考えさせるようにしなくてはならない。

談笑の間

先日も、われわれの三人会を開こうということになって、東京の某ホテルを予約した。ツインの部屋へ補助ベッドをもちこみ、夜を徹して語ろうというのである。

ところが、その直前になって、いちばん熱心にこんどの会合を推進していた金沢の友人が、来られない、と言い出した。何でも学校の大事な委員会があるという。因果なことに、その委員長をしているのだ。委員長の出張中に、日取りをきめてしまったとかで、どうにもならない。泣き出さんばかりの声を電話できいた。それではしかたがない。二人だけでやろうか、と広島の友人と、ホテルで語り明した。ひとり欠けているせいか、やはり淋しい。夏休みになってから、臨時の会合などする学校がうらめしい。

われわれの三人会は、自慢ではないが、もう三十年の歴史をもっている。いま金沢にいる友人は国文学専攻、広島君は中国文学、わたくしが英文学である。昭和二十三年ごろ、三人は、当時の東京高等師範学校付属中学の教師として同僚であった。なんとなく勉強が思うように行かない。方向もさだかではない。あせっていた。

わたくしは何とかして新しい分野を開きたいと思っていた。外国文学の研究が、いつも本国の学者の後を追うような作家論、作品論ばかりしていてもしかたがないではないか。外国人は、特別な読み方をしている。極限の読者である。文学作品はそういう読者にもわかるからこそ存在する。すくなくとも偉大な作品はどんな読者にも冷たい顔ばかり見せてはいない。とすれば、外国文学研究が目ざすべきは、これまで考えられたことがほとんどなかった、読者論でなくてはならない。

若気の至りも手伝って、我流の読者論を構想した。内心、少なからず得意であった。ある機会に、もっとも尊敬する同学の先輩二人と会食した。先輩といってもあまり年の違わない若い学者である。賛成、応援してくれるものとばかり思って、読者研究の必要をもち出してみた。

ところが、二人とも、異口同音に、それはいけない、ときめつけた。それで出ばなをくじかれて、わたくしはそのあとものを言う元気もなくなった。できたての研究の構想をやたらに人に言ったりしてはいけないと前章にのべたが、こういう経験は一度で充分である。

また、やはり読者論を考えてみよう、という気になったのは、それから、五、六年後のことである。それまで寝させていたのだと思えば、決して無駄な時間ではなかった。

三人で雑談をしようではないかという話がまとまったのは、先輩にやられてしょげていた時だった。そのころは会場などあるわけがない。三人のうちをもちまわりで会場にした。会費は百円。それで寿司をとって食べる。お茶は出す。あとは一切、家庭サービスなし。午後一時ごろに顔を合わせて、夕食に寿司を食べて、また話し出して、夜の十時ごろになって、やっと名残りを惜しみながら別れる。そういうことを年に、四度、五度とした。いつとはなしに、三人会と呼ぶことになった。

おそるおそる、わが読者論の考えをもち出したことがある。国文学君も中国文学君も、興味をもってきいてくれる。質問が、その中には新しいヒントに生かされることを含んでいたりする。三人会のあとは、いつも気持が高ぶった。そこでの雑談をタネにして、いくつかの原稿を書いた。ほかの二君にしてもそうであったらしい。

わたくしがまず付属中学をやめ、ついで、国文学がやめ、最後に中国文学がやめて、三人とも東京教育大学の文学部に属するようになった。その十年足らずが、三人会にとってもっとも幸福な時期だった。教授会の帰りにお茶をのんで即席の三人会となったこともある。

やがて東京教育大学は筑波移転をめぐって大揺れに揺れ、それがおりしもの大学紛争と重なってたいへんな混乱におちいった。わたくしは移転問題がややこしくなりかけたとき、いち早く、いまの大学へ移った。

両君は、最後まで、信念にしたがって苦労した。いよいよとなって、国文学者は金沢へ転出、すこしおくれて、中国文学の友人は広島へ移った。それからでも、もうそろそろ十年になる。三人ばらばらになってしまったから、思うにまかせない。もちろん百円会費のようなわけにも行かなくなった。

やけになったわけではないが、一流ホテルにいっしょに泊って、ひと晩存分に語り合うというようになった。三人のうちのだれかが、「ひらいてくれないか。みんなにきいてもらいたいことができた」と言い出す。すると、めいめい都合をつける。場所は金沢だったり、東京だったりするが、東京が多い。

先日、広島の友人と別れるときに、こんどはうんとさかんにしようや、と笑い合った。二人だけでも楽しい。三人ならなおさらである。

わたくしは、こういう経験から割り出して、同じ専門の人間同士では話が批判的になっておもしろくない。めいめい違ったことをしているものが思ったことをなんでも話し合うのがいいという信念に達した。ひとり勝手に、これをロータリー方式と呼んでいる。

ロータリー・クラブは、ひとつの支部の中は、一業一人となっているらしい。同業者は同一支部にはいない。これが親睦の条件になっている。われわれ三人会はまさにロータリー方式である。

ところが、同じ学問を専攻している学者たちが、やはり何十年と創造的雑談をしている例がある。ロータリー方式が絶対的ではないことになる。ロゲルギストのグループである。近藤正夫、近角聡信、今井功、木下是雄、大川章哉、磯部孝、高橋秀俊というメンバー（もっとも多少のメンバーの出入りはあったようだが、大体は変わらない）。いずれもわが国一流の物理学者たちである。毎月一回の例会を開く。話題は、人間、自然全般にわたって多彩である。その記録をまとめて、中央公論社の雑誌「自然」にのせる。これがたまって『物理の散歩道』『新物理の散歩道』になり、これがすでに八冊になっている。

かつて、このロゲルギストのことをわたくしの『知的創造のヒント』の中で紹介した。その文章が『新物理の散歩道第四集』の「まえがき」に引用されている。いまのその文章を孫引きすると、

「もっとも、同じ分野の学者が集っても、すばらしい成果をおさめている例もないわけではない。ロゲルギストというと、かつては、どこの国の人かといぶかる向きもあったが、知る人ぞ知る日本人物理学者のグループである。毎月例会を開いていること月光会のごとくであり、メンバーの家をもちまわりで会場にしている点も同じである。……中略……私も一度その雰囲気の一端にふれる機会にめぐまれたが、月光会のことを連想しないではいられなかった。そのエッセイの発想がダイアローグ的、つまり、多元的、複眼的で、読むものに不思議な刺激を与えるのである。……ロゲルギストは専門の同じ学者が集って、しかも、すばらしい成果をあげている例だが、メンバーはよほど心の広い人たちであるに違いない。よほど、つよくて温かい友情に結ばれているに相違ない」。

この月光会には註がついている。「月光会（ルーナー・ソサエティー）一七七〇年代、バーミンガムで月一回、満月の晩に集った会合の名称。酸素の発見者プリーストリー、蒸気機関の発明者ワット、そのエンジンの製作者ボールトン、ガ

ス灯の発明者マードック、印刷業者バスカヴィル、天文学者ハーシェル卿などが常連で、その中心的存在はエラズマス・ダーウィン。この人は、進化論のチャールス・ダーウィンの祖父である」。

垣根を越えて

月光会では、めいめいが、専門をもっていても、それにとらわれることがなかった。牧師さんが、英文法の不備を論じていて、ついには文法書を書いて出版する、というようなことが珍しくなかった。

インブリーディング（inbreeding）ということばがある。同系繁殖、近親交配、近親結婚のこと。ニワトリでも同じ親から生れたもの同士を交配しつづけていると、たちまち、劣性になってきて、卵もうまなければ、体も小さくて、弱々しいものになってしまう。

人間でも同じことで、近親結婚はおもしろくない遺伝上の問題をおこす。それでどこの国でもごく近い関係にある親族や同族の結婚を禁止している。インブリーディングはそれほど危険なのである。

桃太郎の話は、このインブリーディングを戒める教訓を含んでいるように思われる。オバアサンが川から桃をひろってくる、というのは、よそから嫁を迎えるという象徴であろう。桃が女性を示すことは一般に承認されやすい。河を流れてきた桃というのは、縁もゆかりもない〝流れものの女〟である。〝流れものの女〟などとしては人々に受け入れられない。それで川を流れてきた桃とした。

その桃からすこやかな桃太郎が生れるというのは、優生学上の知識を具体例で示したことであるにすぎない。逆に言えば、昔の人たちがインブリーディングの害にいかに深くむしばまれていたかの証拠である。（あわれをとどめるのは、桃太郎の父親である。どこにも姿をあらわさない。おじいさんは、いるにはいるが、山へしば刈りに追いやられて、嫁えらびには口が出せない）。

生物学的にインブリーディングがよろしくないとすれば、知的な分野でもよかろうはずがない。

企業などが、同族で占められていると、弱体化しやすい。それで昔の商家では、代々、養子を迎えて、新しい血を入れることを家憲としたところがすくなくない。似たものは似たものに影響を及ぼすことはできない、という。同族だけで固まっていると、どうしても活力を失いがちで、やがて没落する。

新しい思考を生み出すにも、インブリーディングは好ましくない。それなのに、近代の専門分化、知的分業は、似たもの同士を同じところに集めた。

大学の組織は、同一分野の専門家をまとめて単位とし、それに学生を所属させる、学部、学科からなっている。活潑な知的創造にとってきわめて不便な環境と言わなくてはならない。伝統の長い大学、学科ほど、生々した活力が見られにくいのは、インブリーディングの害毒をそれだけつよく受けた結果であろう。

それと対照的なのが、新設の大学や研究機関である。同じ専攻の人間であっても、それまで違ったところにいたというだけで、異質な要素が大きい。近親交配の弊もそれだけすくなくてすむことになる。

スコットランドの月光会が目ざましい業績をあげたのも、めいめいが別々のことを専門にしていたという点が大きくかかわっていたはずである。インブリーディングの心配はまったくなかった。それで、桃太郎のようにつよくて、たくましい知的創造が可能になったのである。

ブレイン・ストーミングという集団思考の技法がアメリカから紹介され、ひところ企業などで注目されたことがある。

これは、何人かでチームをつくる。問題を出して、めいめいが、それに対する解決法を考えられるだけ出し合う。たとえば、Aという建物とBという建物の連絡の方法いかん？　といった問題を考える。メッセンジャーを往復させる、連絡通路で屋上と屋上を結ぶ、ケーブルでつなぐ、などなど、何でも思いついたものを言って行く。

記録係が、片端からそれをメモする。奇想天外なアイディアが出る。とても、実現の望みのないような案もあらわれるであろうが、ブレイン・ストーミングの〝ルール〟では、どんな奇妙な考えでも、それをほかのものが、そんなつまらない、とか、非現実的な、とかいって水をさしてはならないことになっている。批判のことばによって、頭をのぞかせているアイディアがひっこんでしまいかねないからである。

〝しゃべる〟の章で、へたに、ほかの人に相談すると、せっかくのおもしろいテーマがつぶされてしまう、と書いた。われわれの頭から生れる考えというこどもは、たいへん臆病で、ちょっとしたことにおびえ、どこかへ逃げて行ってしまう。よほど上手に誘い出さないと、とらえることができない。

ブレイン・ストーミングはこうして、いろいろな考えを引き出すのだが、はじめのうちに出てくるものは、多く常識的で、さほどおもしろいものではない。もうあらかた出つくしたというところで、さらに頭をしぼっていて生れるのが、本当に新しい、これまでは夢にも考えられなかったようなアイディアである。

よく、考える、という。すこし考えて、うまくいかないと、あきらめてしまう。これでは本当にいい考えは浮んでこない。もうだめだ、と半ばあきらめたところで、なお、投げないで考え続けていると、すばらしい着想が得られる。せいてはいけない。根気が必要である。

月光会も、アメリカ流に言うならば、ブレイン・ストーミングのすばらしいチームだったわけである。ロゲルギスト・グループもそうである。

われわれ日本人の交友は多く主情的である。酒食の座をもたせることはできるが、知的饗宴を長くつづけることは得意でない。その点でも、ロゲルギストは目ざましい存在である。

人間と人間との間でのブレイン・ストーミングをさかんにし、同じ専門家同士のインブリーディングをさけようとする試みは、学問と学問との間における交流にひろがった。

専門が確立すると、ちょうど、軍艦のようなもので、外部との交渉が絶えて、洗練化が進む。人々の関心は中枢部へ向けられる。ちょうど、列車の乗客が、先頭と最後部の車輛に乗りたがらないで、混んでいても、中央のハコに集まるようなものである。専門分野内における気づかれないインブリーディングがこうしておこる。当然、創造力がおとろえてくる。

その傾向は早くから気づかれていたけれども、中央から、はしのハコへ移ろうというもの好きはすくなかった。まして、ほかの列車へ飛び乗ろうというのは自殺的行為だと見なされる。賢明な人はまん中におさまっているに限る。

そういう常識に挑戦し、学問に新しい風を入れようというのが、インターディシプリナリー（学際研究）である。中枢部志向の専門家は、どの学問でも周辺領域には近づかない。どの学問でも境界領域はノー・マンズ・ランド（無人地帯、未開発の領域）ときまっている。

そこを開発するには、これまでの学問と学問をへだてていた垣根をとりはらわなくてはならない。そして、生れたのが、インターディシプリナリーである。言語学と心理学の境界領域として言語心理学、心理言語学が生れ、言語学と社会学の間で、言語社会学、社会言語学ができるといったのは、その一例である。

インターディシプリナリーの研究はいまのところかならずしも成功しているとは言えないが、ひとつには、専門的インブリーディングの思考からなお抜けきれないためであるかもしれない。

インターディシプリナリーとは知的な次元でも継ぎ木が大きな実りを約束する

ことに着目したものである。ここでもふたたび、似たものは、似たものに影響することが難しいということばを思いおこしてみる必要があるだろう。

三上・三中

どういうところでいちばんいい考えが浮ぶか。科挙《かきょ》という国家試験が古くから行なわれた中国では、そのことが真剣に考えられたのであろう。科挙では文章を綴る能力が試験されたから、われわれがいま考えているよりもはるかに、文章が重視されていた。

このごろ、わが国でも、大学の入試に、小論文を課すところがふえてきた。やはり、きびしい試験で文章力が実際的な影響力をもつようになってきたとしてよいかもしれない。

すでに前にものべたが、中国の欧陽修という人は一般には三上ということばを残したとして、はなはだ有名である。三上とは、これまた前のくりかえしになるが、馬上、枕上《ちんじょう》、厠上《しじょう》である。

これを見ても、良い考えの生れやすい状況を、常識的に見てやや意外と思われるところにあるとしているのがおもしろい。

馬上は、いまなら、通勤の電車の中、あるいは、クルマの中ということになろうか。電車なら無難だが、考えごとをしながらクルマを運転していては危険かもしれない。昔の馬上ならすこしくらいぼんやりしていても、交通事故になる心配はしなくてもよかっただろう。

まえに、スコットの「くよくよすることはないさ。明日の朝、七時には解決しているよ」ということばを紹介した。スコットのは、ひと晩寝ているうちに、考えが自然に落ちつくところへ落ちついているということである。その間、ずっと〝枕上〟の状態ではあるが、別に考えようとしているわけではない。

ここでは、むしろ、目をさまして床の中に入っているときに、いいアイディアが浮んでくることを言っている。それに、夜、床に入ってから眠りにつくまでよりも、朝、目をさまして起き上がるまでの時間の方がより効果的らしい。これも前に書いたが、ヘルムホルツやガウスが、朝、起床前にすばらしい発見を思いついたというのはそれを裏付けている。

前に忘却のところでも、眠っているあいだに忘れているのだということをのべたが、睡眠に二種類あることがわかってきた。レム（Rapid Eye Movement）睡眠と、ノン・レム（Non Rapid Eye Movement）睡眠である。レム睡眠のときは、体は休息しているけれども、頭ははたらいている。ノン・レム睡眠では逆に、頭が休み、筋肉などはかすかに活動しているといわれる。つまり、睡眠中もレムの間は一種の思考作用が行なわれている。眠っていても考えごとができるわけである。無意識の思考が、これがたいへんすぐれている。枕上とは、それをとらえたもので、古人の鋭い観察にもとづく発見と言わなくてはならない。洋の東西を問わず、床の中の考えのすぐれていることに着目しているのは興味ぶかい。

朝、トイレへ入るときに、新聞をもちこんで丹念に読むという人がいる。トイレの中に辞書をおいている人もある。辞書があるのは読書をするためでもあろうか。いずれにしても、トイレの中は集中できる。まわりから妨害されることもない。ひとりだけの城にこもっているようなものだ。

その安心感が、頭を自由にするのであろうか。やはり、思いもかけないことが浮んでくることがすくなくない。ただ、人はこれをあからさまに言うのを、たとえば、馬上、枕上に比べて、はばかることが多いのかもしれない。

ものを考えるには、ほかにすることもなく、ぼんやり、あるいは、是が非でもと、力んでいてはよくない、というのが三上の考えによっても暗示される。

いくらか拘束されている必要がある。ほかのことをしようにもできない。しかも、いましていることは、とくに心をわずらわすほどのこともない。心は遊んでいる。こういう状態が創造的思考にもっとも適しているのであろう。

　このごろ、乗りものの中でものを書いている人をときたま見かけるが、たいていの人はすることもなく、ぼんやりしている。何も書き入れることのない、いわば白い時間である。週刊誌や軽い読みものは、その時間をつぶすための手段にされているが、考えてみれば惜しいことをしているものだ。

　前もって、考えかけたことをもち、車中の人になれば、ふと妙案が浮んでこないとも限らない。枕上でも厠上でも同じである。

　やはり、前に、〝見つめるナベは煮えない〟ということわざを出した。三上の状態では、どうしても日常のナベのそばをしばらく離れなくてはならない。それが思考の展開を促進するのであろうか。

　心理学者のスリオ（Souriau）は、「発明するためには、ほかのことを考えなければ、ならない」と言っている。三上は、好むと好まざるとにかかわらず、そのほかのことをしている状態で、したがって、ほかのことを考えるのに便利な状況である。

　クロード・ベルナールという生理・医学者は、「自分の観念をあまりに信頼している人々は発見をするにはあまり適していない」とのべている（以上の二例、アダマール『発明の心理』による）。

三上を唱えた欧陽修は、また、三多ということばも残している。これもよく知られたことばである。

三多とは、看多（多くの本を読むこと）、做《さ》多《た》（多く文を作ること）、商量多（多く工夫し、推敲すること）で、文章上達の秘訣三カ条である。

これを思考の整理の方法として見ると、別種の意味が生ずる。つまり、まず、本を読んで、情報を集める。それだけでは力にならないから、書いてみる。たくさん書いてみる。そして、こんどは、それに吟味、批判を加える。こうすることによって、知識、思考は純化されるというのである。文章が上達するだけではなく、一般に考えをまとめるプロセスと考えてみてもおもしろい。

この三上、そして、三多に対して、三中という状態も思考の形成に役立つように思われる。

さきに、推敲ということばを出したが、この由来が興味ぶかい。昔、唐の詩人、賈《か》島《とう》が、

鳥宿池辺樹　鳥は宿る池辺の樹

僧敲月下門　僧は敲《たた》く月下の門

という句を考えついた。はじめは「僧は推す」としたのを、再考、「僧は敲く」に改めた。しかし、なお、どちらがよいか判断がつかず、馬上で「推」したり「敲」いたりして考えにふけるうちに、大詩人、韓退之《かんたいし》の行列につき当り、とがめられた。一部始終を打ち明けたところ、韓退之はこれに感じ、ともに考えて、「敲」がよい、といったという故事による。

賈島は鞍上、まさに夢中だったのである。さめた頭で考える必要もあるが、ときには、こういう無我夢中で考えることもなくてはならない。

散歩中にいい考えにぶつかることは、古来その例がはなはだ多い。ヨーロッパの思想家には散歩学派がすくなくない。散歩のよいところは、肉体を一定のリズムの中におき、それが思考に影響する点である。そう言えば、馬上にもリズムがある。

もうひとつ、ものを考えるのによいのが、入浴中である。

ギリシャのアルキメデスが、比重の原理を発見したときにユーリーカと叫んだと言われる。伝説によると、入浴中に思いついたことになっている。比重の原理は入浴との縁が近すぎるけれども、一般に入浴中は精神も昂揚するようで、浴室で歌をうたいたくなるのはそのあらわれである。思考にとっても血行をさかんにする入浴が悪いはずはない。

以上の三つ、無我夢中、散歩中、入浴中がいい考えの浮ぶいい状態であると考えられる。いずれも、「最中」である。そう言えば、三上にしても、最中でないことはない。

人間、日々、常住坐臥、最中ならざるはなく、そのつもりになれば、いたるところで妙想が得られることになる。

知恵

本に書いてない知識というものがある。ただ、すこし教育を受けた人間は、そのことを忘れて何でも本に書いてあると思いがちだ。本に書いてなくて有用なこと、生活の中で見つけ出すまでは、だれも教えてくれない知識がどれくらいあるか知れない。

ごくつまらない例をあげる。

長年、愛用していた旅行かばんが、疲れてきた。自分では一向に気にしないで、むしろいっそうの愛着すら感じていた。ところが、まわりがうるさい。見っともないから買いかえろ、と言うのである。しかし、どうもこれを廃物にしてしまうのに忍びない。何とか救う手はないものか。

そこでふと、思いついた。靴でもときどき磨く。同じ革製品なのに、かばんをこれまで一度として磨いたことがない。これはいけない。そこで、よごれ落しのクリーナーという革用クリームをぬってこすってみた。すると、どうだ。見違えるようにしゃんとするではないか。さんざん悪く言っていた連中も、それならまだすてたものではないと言い出した。

考えてみるに、生れてから何十年、ずいぶん革製品を使ってきたが、油をぬって磨かなくてはいけないのは靴だけのように思ってきた。そんなことを書いた本を見た覚えがない。学校はそういう知識を与えるにはあまりにも多忙である。家庭は家庭で、革製品を使った伝統がない。油をぬらなければ革はすぐいたむと親は子に教えられないのである。それでどれだけのものが不当に早くすてられてきたことであろうか。

こんなことでも発見は発見である。数学の答を出すよりは、ひょっとして、いっそう時間がかかるかもしれない。

これは自分で気づいたのではないが、革をバナナの皮でみがくとよいという知識も、たいへん新鮮であった。バナナの皮にはタンニンが含まれている。革をなめすときにタンニンを用いるそうで、バナナの皮はなめしを強化？　する意味があるらしい。茶色のかばんを磨くのに利用するとおもしろい。

これはある庖丁の産地で聞いた話。よく切れる庖丁ほど、さびやすい。使ったあと、いくらしっかり水気をとっておいたつもりでも、二、三日すればうっすらさびが出る。これが庖丁のもちを悪くする。実はそれを防ぐ方法があって、簡単である。

使ったあと、湯に浸してから乾いたふきんでふいておけばいい。なぜそんな簡単なことが知られていないのか。一説によると、早く庖丁をだめにした方が、買いかえ需要がふえて業者の利益になる。長もちさせる方法など教えるのは自分の首をしめるようなものだ、というのである。そういう知識こそ、学校の家庭科あたりで教えたい。習った方では一生忘れないようにすべき知識である。

若いうちは健康のありがたさを知らない。中年になると、そろそろ体が気になり出す。健康にいいということに関心をもち出す。ある調査によると、いまの日本人は十人に九人強が、健康保持にふかい関心をもっているという。高齢化社会になればますますこの傾向はつよまるだろう。

いたるところで健康談義がきかれる。それを頭からバカにしてしまわないで、注意していると、そのうちに、多少まとまった知識をもつようになる。

ある長寿会の会長は、一日に二十五種の食べものを食べよ、と教える。米、塩、砂糖といったものをそれぞれ一種類として、二十五種。同じ果物にしても、りんごを一つ食べるよりも、りんご半分、みかん一つ、とした方が種類が多くなってよろしい、というのである。

一食につき八種から九種のものを食べればいいのだが、努力しないと毎日そうは行かないだろう。

この会長はまた、年をとってきたら、八百万《やおよろず》の神々に供えるもの中心の食生活をすべきだともいう。酒はよろしいが（もっとも深酒は不可）、神様にタバコを供えない。禁煙すべし。野菜、海草、魚類、五穀などすべてよろしいが、肉類は神様は召し上がらない。

このごろアメリカで、日本人が繊維のある食べもの、たとえば、ごぼうのきんぴら、のようなものを常食していることが、腸をつよくし、老化を防いでいるといって、それを見倣おうとする風潮が見られる。戦争中に捕虜にごぼうを食わせた、雑草の根を食わせたのは捕虜虐待であると、訴えられて、戦犯になった収容所長のあったことを思い出す。

塩分のとりすぎは糖分のとりすぎ以上によろしくない。少塩多酢。塩分をへらして、酢で味つけをすべし、ということを説える人もある。

老化は、端末から始まる。足と手、指をよく動かすようにする。歩いて、手はものをこしらえたり、字を書いたりして、遊ばせないようにしなくてはいけない。

指ではことに小指を動かすと内臓がつよくなる。

　近代医学の立場からこれらにどの程度、客観的価値があるのか、それはわからない。しかし、医学の言う通りにしていれば、病気にかからない、死にもしないというわけにも行かないのも事実である。

　こういう話を聞き流してしまうのでなく、書きとめておくと、しろうと健康学も、そのうちに、だんだん幹と枝葉がのびてくる。

　健康は食べものだけによるのではない。病は気からという。精神的要因が大きくものを言う。近代人ほどそれが顕著であるように思われる。

　あるアメリカの社会学者が、死亡の時期の研究をして、誕生日の前しばらくは死亡率がぐっと下がる。誕生日のあと、急上昇するという一般的現象を見つけた。どうして、誕生日の前後で、老人の死ぬ率にきわ立った変化が見られるのか。興味をもって調べたその学者によると、誕生日を祝ってもらえるという期待がある。プレゼントがどっと来る。それを楽しみにしていると心の張りができる。病気にかかっていても、病勢もしばらくは足ぶみ、あるいは逆に好転するかもしれない。それが、誕生日がすんでしまうと、目先、生きがいとするものがなくなってしまう。そのすきに乗じて病気が勢いをもり返す、という例が多いから、さきのような数字になってあらわれるのであろう。

これに似たエピソードがある。ある医学の大家が危篤におちいった。叙勲《じょくん》が内定していたが、正式に授与されるまでもちそうもない。門下の人たちがその筋に願い出て、病床で勲章を見せた。するとこの老人、急にもちなおして、それから数年も生きたという。

別の話もある。ある都市の老政治家がやはり危篤であった。その市の市長がはげますつもりで、自分の勲章を、本人がもらったものとして示したところ、病床に正座してこれをおしいただき、それから病状好転した。それはめでたいが、元気になった老人を見て、勲章を返してもらえないし、周囲はほとほと困ったという話である。

これとは別に、よくしゃべる人の方が老化しにくいと、老人ホームの職員たちはいう。しゃべるには頭を使うからであろうか。それについて思い出されるのは、スウェーデンだったかの老人ホームの試みである。老人たちに、趣味のグループをつくらせた。その中に外国語学習グループを設けた。はじめは人気がなかったのに、やがて、もっとも人気のあるグループになった。メンバーがみんな元気で、なかなか死なないからであった。

こういう断片的な知識、大部分が耳学問である。それを散らしてしまわないで、関連あるもの同士をまとめておくと、ちょっとした会話のタネくらいにはなる。知らない人は、たいへんくわしい、と感心してくれるかもしれない。知識というものは、心掛け次第で、とくにまとめようとしなくても自然にまとまってくれるものだ。

ことわざの世界

日本人にとって、外国語の魅力がだんだん減ってきたと言われる。巷にカタカナ、横文字がはんらんしているのに、と不審に思うかもしれないが、それだからこそ、おもしろさがはげ出したのかもしれない。

もともと、都会の人と田舎の人とを比べると、田舎にいる人間の方が外国語にあこがれる気持がつよい。明治以降の語学者を見ても、多くは地方出身者であった。ときに、東京出身の洋学者もないではないが、〝おくれている〟地方の若もの の方が、ヨーロッパへのあこがれはいっそうつよいようだ。

戦後、生活が洋風化した。ことに近年は、自由に海外旅行ができるようになった。行ってみると、夢に描いていた青い鳥は飛んでいない。うっすらと幻滅を感じながら帰ってくるという次第になる。知ることはかならずしも幸福とは限らない。

外国語にしても、あまりよくわからなかった時代には、何となく興味を覚えたのに、うんざりするほど目につくようになると、興味索然としてくる。

同じようなことは、人間と人間との間にも見られる。遠くはなれて眺めていたときにはすばらしく思われた人が、すこし親しくなってみると、さっぱりおもしろくない。むしろ、うとましくすら感じられる。恋愛などがそういう経緯をたどって破局を迎えることもすくなくない。

こういう具体的経験をそのままにしておいたのでは、ほかへの応用がきかない。整理して、公式化しておくと生活の知恵になる。

遠くにいたときりっぱに見えた人が親しくしてみると、いっこうに魅力のないように感じられるのは、〝従僕に英雄なし〟ということわざにまとめておくと、これに類することが、いくらでもあるのに気づく。

はじめの外国語の凋落は、よくわからずに心をひかれていたのが、白日のもとに出てしまって色あせて見えるという現象である。これをさらに純化させると、ことわざの〝夜目、遠目、笠の内〟になる。これは女性が美しく見える状況を言ったものだが、一般に、距離がやや大きすぎて、さだかに見えないものに、われわれは心をひかれる。あまり近くなると、ハナにつく。ハナについたものが、美しくおもしろく感じられるわけがない。

サラリーマンが仕事がおもしろくない。上役に叱られた、というようなことがあると、ほかの人のしていることがよさそうに思われる。自分のやっている仕事がいちばんつまらなそうだ。思い切ってやめてしまえ、となる。商売変えしたところで、同じ人間がするのである。急に万事うまく行く道理がない。またおもしろくなくなる。すると、またも、ほかの人の職業がよさそうに見える。こういう人はいつまでたっても腰が落ちつかない。

学生でありながら、早くも、同じ傾向を示すのがいる。英文科へ入って来て、しばらくすると、退屈きわまりない。心理学科はそれに引きかえ、実験があって、いかにも学問らしい。あれへ転向しよう、というので転科する。二年もすると、心理にもあきてくる。もっと刺激のある勉強がしたいといって、さらに、物理学科へ入りなおす。こういう人間は結局、何もできないで終る。

こういう例は世の中にごろごろしている。それなのに、相変らず、同じことをくりかえす人があとからあとからあらわれる。めいめいの人にほかの人の経験が情報として整理されていないからである。整理されていないわけではない。ちゃんと、ことわざという高度の定理化が行なわれているのに、それを知らないでいるためである。

たえず職業を変えるのは、賢明でない。そのことは、古くからはっきりしていた。〝石の上にも三年〟というのがそれである。イギリスには、これを〝ころがる石はコケ（お金）をつけない〟と表現した。とにかく、じっと我慢が必要だ、ということである。

なぜ、英文科の学生に心理学がおもしろそうに見えるのか。人間性がそういうようになっているからである。あすは試験という前の晩、勉強をしようとしていると、ふだんは目もくれない難解な哲学書などを、何となくのぞいて見たくなる。ちょっとのつもりが、なかなかやめられなくて、ついつい読みふけって、勉強の計画を狂わせる——このことはすでに書いた。

こういう経験は〝隣の花は赤（美し）い〟ということわざのもとに分類、整理しておくと、ずいぶん思考の節約になる。遠くから見る隣りの花だから、ことさらに赤く見える。そこへ行ってよくみると、何と虫だらけであるという場合だってないとは言えまい。目の前の花は、実際よりも色あせて見える。

商売をする人、投機をする人は、ものの売り買いのタイミングを見きわめるのに身の細る思いをする。もうよかろうと思って、売買をすると、早すぎる。それにこりて、こんどは、満を持《じ》していると、好機を逸してしまう。もっと早く決断すればよかったと後悔する。商売の人は、たえずこういう失敗を経験している。そのひとつひとつは複雑で、それぞれ事情は違う。ただ、タイミングのとりかたがいかに難しいか、という点と、自分の判断が絶対的でないというところを法則化すると、〝モウはマダなり、マダはモウなり〟ということわざが生れる。

学校教育では、どういうものか、ことわざをバカにする。ことわざを使うと、インテリではないように思われることもある。しかし、実生活で苦労している人たちは、ことわざについての関心が大きい。現実の理解、判断の基準として有益だからである。

ものを考えるに当っても、ことわざを援用すると、簡単に処理できる問題もすくなくない。

現実に起っているのは、具体的問題である。これはひとつひとつ特殊な形をしているから、分類が困難である。これをパターンにして、一般化、記号化したのがことわざである。Aというサラリーマンの腰が落ちつかず、つぎつぎ勤めを変えている。これだけでは、サラリーマン一般、さらには、人間というものにそういう習性があって、その害が古くから認められていることに思い至るのは無理だろう。

これに〝ころがる石はコケをつけない〟というパターンをかぶせると、サラリーマンAも人間の習性によって行動していることがわかる。別に珍しくもない、となる。

具体例を抽象化し、さらに、これを定型化したのが、ことわざの世界である。庶民の知恵である。古くから、どこの国においても、おびただしい数のことわざがあるのは、文字を用いない時代から、人間の思考の整理法は進んでいたことを物語る。

個人の考えをまとめ、整理するに当っても、人類が歴史の上で行なってきた、ことわざの創出が参考になる。個々の経験、考えたことをそのままの形で記録、保存しようとすれば、煩雑にたえられない。片端から消えてしまい、後に残らない。

一般化して、なるべく、普遍性の高い形にまとめておくと、同類のものが、あとあとその形と照応し、その形式を強化してくれる。つまり、自分だけの〝ことわざ〟のようなものをこしらえて、それによって、自己の経験と知見、思考を統率させるのである。そうして生れる〝ことわざ〟が相互に関連性をもつとき、その人の思考は体系をつくる方向に進む。

そのためには、関心、興味の核をはっきりさせる。その核に凝集する具体的事象、経験を一般的命題へ昇華して、自分だけのことわざの世界をつくりあげる。このようにすれば、本を読まない人間でも、思考の体系をつくり上げることは充分に可能である。

VI

第一次的現実

現実に二つある、と言ったら笑われるであろうが、知恵という〝禁断の木の実〟を食った人間には、現実は決してひとつではない。

われわれがじかに接している外界、物理的世界が現実であるが、知的活動によって、頭の中にもうひとつの現実世界をつくり上げている。はじめの物理的現実を第一次的現実と呼ぶならば、後者の頭の中の現実は第二次的現実と言ってよいであろう。

第二次的現実は、第一次的現実についての情報、さらには、第二次的現実についての情報によってつくり上げられる観念上の世界であるが、知的活動のために、いつしか、しっかりした現実感をおびるようになる。ときとしては、第一次的現実以上にリアルであるかもしれない。知識とか学問に深くかかわった人間が、しばしば第一次的現実を否定して、第二次的現実の中にのみ生きようとするのは、このことを裏付ける。

かつては、主として、読書によって、第二次的現実をつくり上げた。読書人が一般に観念的であるのは、外界にじかに接するかわりに、知識によって間接に触れているからである。

思索も外界を遮断するところにおいて深化させられることがあり、やはり、第二次的世界を築き上げる。

しかし、大部分の人間は、ほとんど第一次的現実によってのみ生きていた。それでは本当に現実に生きることにならないのも早くから気付かれていて、哲学への志向が生れた。人間の営為はすべて、第二次的現実の形成に向けられていたと考えてよいほどである。第一次的現実をはっきり認識するためには、それを超越した第二次的現実の立場が必要である。

従来の第二次的現実は、ほとんど文字と読書によって組み立てられた世界であった。ところが、ここ三十年の間に新しい第二次的現実が大量にあらわれている。そのことがなお、充分はっきりとは気付かれていない。テレビである。テレビは真に迫っている。本当よりもいっそう本当らしく見える。茶の間にいながらにして、世界のはてまで行くことができる。旅行したような気持になれる。そして、そのうちにそれが、第二次的現実であることを忘れてしまう。

本を読んで頭に描く世界が観念の産物であることは誤解の余地がすくない。ところが、ブラウン管から見えてくるものはいかにもナマナマしい。第一次的現実であるかのような錯覚を与えがちだ。現代人はおそらく人類の歴史はじまって以来はじめて、第二次的現実中心に生きるようになっている。これは精神史上ひとつの革命であると言ってよかろう。

従来の活字による第二次的現実のほかに、強力な映像による第二次的現実が出現したことが、現代の知的生活を複雑にしている。

思考の問題を考えるに当っても、この二種の現実の違いを無視することは許されないであろう。従来、ものを考えるといえば、まず、第二次的現実の次元であった。これまでに読んだ先人の業績との対話から新しい思考が生れる。そのかわり第一次的現実とのかかわりはあいまいであった。むしろ、低次の現実から絶縁することで、いっそう高い思考への飛翔ができると考えた。前章で考えたように、ことわざが軽んじられてきたのもそのためと思われる。

しかし、思考は、第一次的現実、素朴な意味で生きる汗の中からも生れておかしくはないのである。近代人がこの思考に関心を示さないのは、知の階級制度が確立してしまっているように思われていたからにほかならない。働くものにも思考、思索、知識の創造がなくてはならない。

これまでは、〝見るもの〟〝読むもの〟の思想が尊重されたから、〝働くもの〟〝感じるもの〟の思想は価値がないときめつけられてきたのである。しかし、知識と思考は、見るものと読むものとの独占物ではない。額に汗して働くものもまた独自の思考を生み出すことを見のがしてはならない。いかに観念的な思考といえども、人間の考えることである以上、まったく、第一次の現実がかかわりをもっていないということはあり得ない。いかに間接的ではあっても、ナマの生活が影を落しているはずである。

現代のように、第二次的現実が第一次的現実を圧倒しているような時代においては、あえて第一次的現実に着目する必要がそれだけ大きいように思われる。人々の考えることに汗のにおいがない。したがって活力に欠ける。意識しないうちに、抽象的になって、ことばの指示する実体があいまいになる傾向がつよくなる。抽象は第二次的現実から生れる思考の性格である。現代の思想がいかにもなまなましいような装いを見せ、映像によって具体的であるかのような外見をしてはいるけれども、現実性はいちじるしく稀薄である。

もっと第一次的現実にもとづく思考、知的活動に注目する必要がある。割り切って言うならば、サラリーマンの思考は、第一次的現実に根をおろしていることが多い。それに比べて、学生の考えることは、本に根がある。第二次的現実を土壌として咲く花である。生活に根ざしたことを考えようにも、まだ生活がはっきりしていないのだから致しかたもない。

そういう学生が社会へ出て、本から離れると、そのとたんに、知的でなくなり俗物と化す。知的活動の根を第二次的現実、本の中にしかおろしていないからである。第一次的現実に根ざした知的活動には、飛行機を要する。グライダーではできない。学生の思考と社会人の思考との間には、グライダーと飛行機の違いがある。

社会人も、ものを考えようとすると、たちまち、行動の世界から逃避して本の中へもぐり込む。読書をしないと、ものを考えるのが困難なのは事実だが、忙しい仕事をしている人間が、読書三昧になれる学生などのまねをしてみても本当の思索は生れにくい。行動と知的世界とをなじませることができなければ、大人の思考にはなりにくいであろう。

思考の整理ということから言っても、第二次的現実、本から出発した知識の方が、始末がいい。都合よくまとまりをもってくれる。第一次的現実から生れる知恵は、既存の枠の中におとなしくおさまっていない。新しいシステムを考えないといけないことが多い。社会人の思考が散発的アイディアに終りがちなのはそのためであろう。

歩きながら考える、というのは、第一次的現実の中における思考である。生活を中断し、書物の世界に没入して、ものを考えるのとは質的に違う。われわれの知的活動が、とかく、模倣的であり、真に創造的でないのは、このナマの生活との断絶に原因があるのではあるまいか。

仕事をしながら、普通の行動をしながら考えたことを、整理して、新しい世界をつくる。これが飛行機型人間である。日本人の知的訓練が、すでにのべてきたように、多く他者に引かれてはじめて動き出すグライダータイプであったことが、第二次的現実の中での知的活動のみを認める傾向となっている。

汗のにおいのする思考がどんどん生れてこなくてはいけない。それをたんなる着想、思いつきに終らせないために、システム化を考える。それからさきは、第二次的現実にもとづく思考と異なるところはない。真に創造的な思考が第一次的現実に根ざしたところから生れうることを現代の人間はとくと肝に銘じる必要があるだろう。

第一次的現実の思考の結晶したもっとも通俗なものが、さきにものべたことわざである。これは本の中から生れたものでない点、前近代的であって、同時に現代的でもある。

さらに、われわれの日常使っているひとつひとつのことばは、その源流をさかのぼってみれば、第一次的現実から創り上げられた思考の産物、つまり第二次的現実であることに思い至る。そのことば自体がいつのまにか、第一次的現実のようになっているのも問題である。

既知・未知

知的活動には三つの種類が考えられる。①既知のことを再認する。以下、これをAとする。②未知のことを理解する。これをBとする。③まったく新しい世界に挑戦する。これをCとする。

これを読むことに関係づけて考えると、すでに経験して知っていることが書かれている文章を読んでわかるときがAに当る。よく知っている土地のことを書いた文章を読んだり、実際を見て知っているスポーツの試合についての記事を読んだりするとき、その理解はこの再認になる。

読む側に、知識あるいは経験が先にある。そのあとから、同じ、ないしはよく似た知識があらわれる。両者を関係づければ〝わかった〟という自覚になる。もっとも基本的な認識の形式であるけれども、これだけでは既知のことしかわからなくなってしまう。

どうしてもBの未知を読む能力が求められることになる。これは、前の再認と違って、下敷になるものがない。新しい世界に直面する。多少とも了解不能の部分があるはずである。その溝を飛びこえるには、想像力によるほかはない。いくらAの読みに習熟していても、それだけではBの読み方ができるとはかぎらない。両者は質的に違う。

読書が人間にとって未知の世界への導入となりうるのは、Bの読みができるからである。その意味でたいへん重要なものであるのに、一般にAとBとの区別がはっきりしていない。したがって、AからBへの移行はどうしたらできるのか考えられることはまれである。しばしば、Aだけにとどまって、それを読書のすべてであるように錯覚してしまう。

Aの読みは、知る、という活動であるが、Bはただ、はじめから知るというわけにはいかない。まず〝解釈〟が必要である。ことばを手がかりに、未知の世界へわけ入って行く。それで何とかわかれば、未知を既知とすることができるのである。

さらに、そういう解釈を拒むような理解の難しい表現もある。これがCの読みになる。どうしてわかるのか。体当りである。一度や二度ではわかるわけがない。何度でもぶつかって行く。やがて、すこしずつだが、おぼろ気にわかってくる。

読書百遍、意おのずから通ず、というのが、このCの読み方である。おそらくそれはその人の考えにつよく色どられていると思われる。

かつては、漢文の素読ということをした。ただ、音声化だけを教えて、意味には触れない。幼いこどもにとって、完全な未知である。それをわかっていくのは、Bの理解というよりはCの理解に近い。禅僧が、公案《こうあん》を与えられて、長い間それをめぐって考えに考え抜き、ついには悟りに到達する。漢文の素読のねらいもいくらかそれに似たところがある。

いまは読者に親切な表現がつよく求められることもあって、Cの読みに耐えるような本はほとんどなくなってしまっている。読む人が自分の想像力、直観力、知識などをその限界まで総動員して、ついには、〝自分の解釈〟に至るというような思考的読書はきわめてすくなくなった。

読書の必要を訴える声はしばしば耳にするけれども、多くそれは量的読書である。質的に見れば、ただ知るだけのAの読み、既知の延長線上の未知を解釈するBの読み、さらにまったくの未知に挑むCの読みという三つは、はっきり別のものである。

これからさき、CをBの中へふくめて、未知を読むのと既知を読むのとの二つを区別して考えたい。

学校教育の読みはＡから始まる。学習者のよく知っている内容のことばの読みを教える。既知についての読みである。この方法については現在だれも疑うものがないけれども、昔は、一足飛びに高度の未知を読ませる素読を課していたのを考えると、Ａから始めるのが唯一の方法とは言えないことがわかる。

文字を読めるようにするのが、Ａの読みである。これがなかなか骨であるから、一応、既知が読めるようにするのにも長い訓練を要する。そのために、ついＢの読みのあることを忘れてしまう。お互いの受けたことばの教育をふりかえってみても、どこまでがＡであり、どこからがＢであるのか、はっきりしていない。

いつのまにかＢの読みをしようとしていたのであるが、いつ、いかにして、ＡからＢへの移行が行なわれたのか、明確ではない。それもそのはずである。教授者自身もそれがあいまいになっていて、いっこうに平気でいる。

Ａ読みをしていたのが、突如としてＢ読みのできるようになるわけがない。移行の橋わたしがなくてはならない。それに役立つのが文学作品である。国語教育において、文学作品の読解が不可欠な理由がそこにある。

物語、小説などは、一見して、読者に親しみやすい姿をしている。いかにもＡ

読みでわかるような気がする。あまり難解であるという感じも与えない。それでは創作がＡ読みだけですべてがわかるか、というとそうではない。作者の考えているのは、読者の知らないものであることがうすうす察知される。このとき、読者は既知に助けられ、想像力によって、既知の延長線上に新しい世界をおぼろげにとらえる。こういうわけで、同じ表現が、Ａで読まれるとともに、Ｂでも読まれることが可能になる。創作が独得のふくみを感じさせるのは、この二重読みと無関係ではあるまい。

　実際には、しかし、このように簡単にＡからＢへの移行が行なわれてはいない。きわめて多くの読みの指導が、Ｂ読みを可能にしないまま、浅い意味での文学読者を育てるに終ってしまっているのである。

　これはただ、言語教育の上で遺憾であるばかりではない。ひろく、われわれの思考、知的活動に大きな影響を及ぼしているのである。おもしろい文章というのが、ほとんどストーリーのあるものという日本の傾向は、抽象的理解力のひよわさと表裏をなしている。どうしてもゴシップ的興味がはんらんする。

　文学作品が、Ａの読みからＢの読みへ移るのに欠かすことができないのは、前述のとおりであるけれども、読みは創作の理解が終点であっては困る。本当にＢ

の読みができるようにするのが最終目標でなくてはならない。

それには、文学作品を情緒的にわかったとして満足しているのではなく、〝解釈〟によって、どこまで既知の延長線上の未知がわかるものか。そのさきに、想像力と直観の飛翔によってのみとらえられる発見の意味があるのか。こういうことがしっかり考えられていなくてはならない。

それは国語教育、読書指導にのみ委ねておくべきことではない。未知を知る方法がすべての知的活動の前提であるとすれば、広く思考と知識に関心をいだく人たちにとって大きな問題でなくてはならない。

母国語においては、既知と未知の境界がはっきりしかねる場合がすくなくない。Ａの読みがＢの読みと質的に異なることすら明瞭になっていないのはそのためもある。

外国語の理解においては、母国語に比べると、はるかに、Ｂの読みの部分が多くなる。未知の理解にとって、外国語の古典の読書が有効であるのは偶然ではあるまい。日本における漢文の素読は乱暴のようであるが、一挙にＣ読みの本丸《ほんまる》に突入するような試みで、実際に、すぐれた未知を読む読者を育成したと考えられる。

西欧諸国においてわが漢学に当るものを求むれば、ギリシャ・ローマの古典がある。中世以来、長く学校教育の中で中枢の位置におかれていたことも漢学に通じるところがあり、偶然ではあるまい。

それが言語教育にとどまらず、人間教育、知的訓練とほとんど等価なものでありえたことを、現代の人間は改めて考えてみるべきであろう。

拡散と収斂

われわれには二つの相反する能力がそなわっている。ひとつは、与えられた情報などを改変しよう、それから脱出しようという拡散的作用であり、もうひとつは、バラバラになっているものを関係づけ、まとまりに整理しようとする収斂《しゅうれん》的作用である。

かりに十人の人に、三分間の話をするとする。あとでその要約を書いてもらう。結果は十人十色に違っているはずだ。まったく同じまとめになることはまずない。こういう場合は、〝正解〟はない、ことになる。正解とは、すべての人がほぼ同じ答を示しうる場合でないと考えられない。数学には正解があるけれども、右のような要約では正解は存在しない。おもしろいもの、よくまとまったものはある。これが唯一という正しい答というものはあり得ないのである。

正解の存在しないのは、なにもこういう要約に限らない。試験などでも記述による答案では、すべて厳密な意味での正解はない。各人各様に異った形の答になっている。数学の正解ではまったく同一の複数のものを許容するけれども、主観によって答の違うものについては完全に同じものがあってはならない。裏から言えば誤解はきわめて個人的であって、まったく同じ誤解というのはまず考えられない。

要約をするには、その〝誤解〟の根になっている拡散的思考がはたらいている。したがって、一字一句違わないものが二つあるのは理論上は考えられないことになる。

そういう理論上あり得ないはずのことが、現実にはおこっているというからおもしろい。

このごろ、入学試験で小論文という作文が課せられるところが多くなってきた。題を与えて文章を書かせる。これは収斂しないはずである。正解の文章なんてあるわけがない。めいめいが自分の考えを出すことを求められているわけで、もっとも自由活溌に拡散的思考の力を発揮できる。個性を見るのに、たいへんよいテスト方法だとされて、近年注目されてきたのは肯ける。

ところが、おどろくべきことに、試験の採点当事者の言うところによると、ほとんどが同じことを書いているそうである。はじめて聞いたときはとうてい信じられなかった。いくらなんでもそんなはずはない、と思ったのである。

ところが、あちらでもこちらでもそういう声をきく。高等学校では大学入試に備えて小論文の模擬試験をする。そこでも同じ現象が見られるという。どうやら、これは誇張ではなく、現実なのであろう。おそらく、指導が効果をあげすぎて、与えられたことをそのまま書けば、それが正解になると勘違いしているのかもしれない。小論文にも数学と同じような答が求められていると考えるのだったら、たいへんな誤解である。

もちろん、作文の文章である。一字一句まったく違わないということはあるまい。しかし、言わんとするところがまったく同じであれば、収斂的思考によってのみ文章を書いたことになる。そういう文章からは個性を読みとるのは不可能であろう。

人間はもともと、つよい拡散作用をそなえている。昔の軍隊で逓伝《ていでん》ということをした。通信手段が未発達な時代においては、移動する部隊同士のコミュニケイションは口伝によった。部隊の間に等間隔の中継点の兵を配置する。メッセージはそれによって次々送られる。

ところが、このメッセージが正確に終着点へ届かない。かならずなにがしかの変形をおこす。誤伝になる。いざという場合、それではいけない。それで日ごろから逓伝の訓練が行なわれたのだが、それでもなかなか正確な伝達は得られない。

この場合、各人は正しく、正しくと心掛けている。それなのに、拡散作用がしのび込んで、メッセージを化けさせる。それがさらに次の中継点で変化し、だんだん大きくずれたものになって行く。

この化け方がもっと自由奔放になると、〝尾ヒレ〟と呼ばれるものになる。デマとか風聞、噂といったものは、この拡散化作用の程度が大きくなったときに見られる。デマは、見方によれば、自由な解釈にもとづく伝達の花だということにもなる。われわれはだれでもデマの担い手となる資格をもっている。

拡散作用によって生れたものは、散発的である。線のようにはまとまらないで、点のように散っている。点と点とは一見、相互に関係がないように思われる。本書ですでに用いた比喩を採用するならば、飛行機型の思考である。

これと対照的なのが、収斂性による〝整理〟である。まず、整理には、焦点が必要である。目標に向って、すべてのものを統合する。その方向がはっきりしていないと、まとめをすることができない。

これまでの学校教育は、主として収斂性による知識の訓練を行なってきた。これには、いつも正解が予想される。満点の答案がありうる。長い間学校教育を受けていると、すべてのことに、正解があるのだというような錯覚におちいるのは、収斂能力だけを磨かれているからである。

そういう頭で、満点の答のない問題に立ち向うと、手も足も出なくなってしまう。自分の考えを打ち出すことはできないが、教えてもらった知識を、必要に応じて整理するのは巧みであるという学習者が優等生として尊重される。グライダー人間である。収斂性がつよすぎる。ただ、この整理は、線やシステムにまとまって行く利点をもつ。拡散的思考では当面、飛び散る点しか得られないのと好対照である。

思考に関して、この二つの作用を区別してかかるのは重要である。これまでは主として収斂的思考のことを考えていたから、思考の整理も比較的に簡単であったように思われる。しかし、収斂的思考は思考の半分にすぎない。しかも受動的半分である。創造的半分は拡散的思考、つまり、誤解をおそれず、タンジェントの方向に脱出しようとするエネルギーによって生み出される思考である。これまでこれが充分認識されないできたのが、われわれの社会の不幸であった。本当の独創、創造ということが、〝変人〟でないとできにくいというのは悲しい。

本を読むにしても、これまでは〝正解〟をひとつきめて、それに到達するのを目標とした。その場合、作者、筆者の意図というのを絶対とすることで、容易に正解をつくり上げられる。それに向って行なわれるのが収斂的読書である。

それに比して、自分の新しい解釈を創り出して行くのが、拡散的読書である。当然、筆者の意図とも衝突するであろうが、そんなことにはひるまない。収斂派からは、誤読、誤解だと非難される。しかし、読みにおいて拡散作用は表現の生命を不朽にする絶対条件であることも忘れてはなるまい。古典は拡散的読みによって形成されるからである。筆者の意図がそのままそっくり認められて古典になった作品、文章はひとつも存在しないことはすでにのべたとおりである。

拡散的思考の生み出すものは、まとまりのつかない点のようなものになると言った。それを放っておいては、とんでもない混乱になってしまうではないかと、収斂派は心配してきた。拡散派にしてもデタラメに勝手放題なことを考えているのではない。一見いかにも混乱のように見えても、充分に多くの点をとってみると、おのずから収斂に向っているのである。

たとえば、新しいことばがあらわれる。人々はめいめい勝手なつかい方をする。拡散的使用である。収斂したくとも辞書の定義もない。ところが、ある歳月がたってみると、そのことばの意味はおのずから定まっているのである。拡散的思考がおのずから収斂しているみごとな実例である。

もし、拡散のみあって収斂することを知らないようなことばがあれば、それは消滅する。

コンピューター

これまでの知的活動の中心は、記憶と再生にあった。それではグライダー人間が多くなるのも当然である。学校は、すでにのべたように、グライダー訓練所であるのをすこしも恥じるところがない。むしろ、それを誇りにしてきた。社会もそれを怪しむことをしなかった。

記憶は人間にしかできない。大事なことを覚えておいて、必要なときに、思い出し、引き出してくるというのは、ただ人間のみできることである。ずっとそう考えられてきた。その能力をすこしでも多くもっているのは、〝優秀〟な人間とされた。教育機関が、そういう人間の育成に力を注ぐのは当然の責務である。

これまでは、それに対して、深く考える必要がなかった。疑問を投げかけるものがなかったからである。ところが、ここ数十年来、しだいに大きく、記憶と再生の人間的価値がゆらぎ始めた。

コンピューターという機械が出現したからである。コンピューターがその名の示すように計算をするだけなら、それほど、おどろくこともない。コンピューターは計算機の殻を脱皮すると、すこしずつだが人間頭脳の働きに近づき出した。

そのうちで、すでに確立しているのが、記憶と再生の機能である。これまで人間にしかできないとばかり思われていたことを、コンピューターがどんどん、いとも簡単に片付けてしまう。人間なら何十人、何百人もかかるような仕事を一台でこなしてしまうのを目の当り見せつけられて、人間ははじめのうちこそ舌を巻いて感嘆していられた。

やがて、感心ばかりもしていられなくなり出したのである。人間とは、なんなのか、という反省がすこしずつ芽生えてきた。われわれは、これまでいっしょうけんめいに勉強して、コンピューターのようになることを目指していたのであろうか。しかも、記憶、再生とも、人間は、とてもコンピューターにかなわない。

本物のコンピューターとして見れば欠陥があるが、人間コンピューターは、電源はいらないし、どこへでも自分の足で移動できるという点で自からを慰めることもできるであろう。

きわめて優秀な記憶再生の装置がつくられることになって、不完全な装置を頭の中へ組み込もうとしてきた、これまでの人間教育が急に間の抜けたものに見え出してきた。学校はコンピューター人間を育ててきた。しかもそれは機械に負けてしまうコンピューター人間である。機械が人間を排除するのは歴史の必然である。現代は新しい機械の挑戦を受けるという問題に直面しているのに、お互いそれほどの危機感をいだいていない。きのうまでのことがきょうも続き、きょうのことは明日もその通りはこぶであろうという楽天的保守主義に目がくらんでいるためであろう。

人間は機械を発明して、これに労働を肩代わりさせてきた。機械は召使いで、人間が思うように使いこなす。そう考えることもできるけれども、逆から見ると、人間は自分の作り出した機械に仕事を奪われる歴史をくりかえしてきたと見ることもできる。ただ便利になったと言って喜んではいられない。

これまでの歴史でもっとも顕著な事例は、産業革命である。それまで人力で行なわれていた工場作業が、馬力をもった機械によってとってかわられた。それによって、工場の主役は人間から機械に移った。人間は機械を操作するにすぎない。実際にものをこしらえるのは、機械である。

機械に仕事を奪われた人間は、機械には手の出ない事務所の中に主要な働き場所を見つけて、サラリーマンが生れた。事務のできるのは人間だけである。その事務が複雑になるにつれて、おびただしい事務員が必要になった。

産業革命は、機械が工場から大量の人間を追い出した変化であった。人間らしい仕事を求めて、人々は事務所へ立てこもった。ここへは機械は足をふみ入れることができない。聖域である。この状態が西欧においては二百年続いたのである。コンピューターの登場で、この聖域はあえなくつぶれようとしている。機械がすばらしい事務能力をもっている。人間は何かというと不平を言うが、コンピューターは文句を言わない。労働基準法にしばられることもないから、不眠不休も可能である。泰平の夢になれてきたサラリーマンは思いもかけぬ強敵の出現に、もっとおどろかなくてはならないはずだ。

機械と人間の競争は、新しい機械の出現によって〝機械的〟な性格をあらわにする人間の負けに終るのである。コンピューターは、われわれの頭がかなりコンピューター的であったことを思い知らせた。しかも、人間の方がコンピューターよりもはるかに、能力が劣っているときている。

これでは、社会的に自然淘汰《とうた》の法則を受けないではいられない。〝機械的〟人間は早晩、コンピューターに席を明け渡さなくてはならなくなる。産業革命を考えても、この予想はまずひっくりかえることはあるまい。

これまでの学校教育は、記憶と再生を中心とした知的訓練を行なってきた。コンピューターがなかったからこそ、コンピューター的人間が社会で有用であった。記憶と再生がほとんど教育のすべてであるかのようになっているのを、おかしいと言う人はまれであった。コンピューターの普及が始まっている現在においては、この教育観は根本から検討されなくてはならないはずである。学校だけの問題ではない。ひとりひとりの頭のはたらきをどう考えるか。思考とは何か。〝機械的〟〝人間的〟概念の再規定など、重要な課題がいくらでもある。

この本が、知ること、よりも、考えることに、重点をおいてきているのも、知る活動の中には、〝機械的〟側面が大きく、それだけ、〝人間的〟性格に問題をはらんでいるとする考え方に立っているからである。

いちはやくコンピューターの普及を見たアメリカで、創造性の開発がやかましく言われ出したのは偶然ではない。人間が、真に人間らしくあるためには、機械の手の出ない、あるいは、出しにくいことができるようでなくてはならない。創造性こそ、そのもっとも大きなものである。

しかし、これまで、グライダー訓練を専門にしてきた学校に、かけ声だけで、飛行機をこしらえられるようになるわけがない。はたして創造性が教えられるものかどうかすら疑問である。

ただ、これからの人間は、機械やコンピューターのできない仕事をどれくらいよくできるかによって社会的有用性に違いが出てくることははっきりしている。どういうことが機械にはできないのか。それを見極めるのには多少の時間を要する。創造性といった抽象的な概念をふりまわすだけではしかたがない。

本当の人間を育てる教育ということ自体が、創造的である。教室で教えるだけではない。赤ん坊にものごころをつけるなどというのは、最高度に創造的である。つよいスポーツの選手を育てあげるコーチも創造的でなくてはならない。芸術や学問が創造的であるのはもちろんである。セールスや商売もコンピューターではできないところが多い。その要素が多ければ多いほど創造的であるとしてよい。

人間らしく生きて行くことは、人間にしかできない、という点で、すぐれて創造的、独創的である。コンピューターがあらわれて、これからの人間はどう変化して行くであろうか。それを洞察するのは人間でなくてはできない。これこそまさに創造的思考である。

あとがき

日ごろ、考えるということばを何気なくつかっている。

これはよく考えなくてはいけないと思うことがときどきおこる。うまく考えがまとまらない、といっては、あせったり、悲観したりすることもある。そして、お互いに、自分は相当、考える力をもっていると思って生きている。

ところが、その考えるというのは、どういうことか。思うのとどう違うのか。知るのとの関係はどうなのか。いかなる手順をふんで考えているのであろうか。そういうことを改まって反省することは、まず、例外的であろう。

かつての学校では、ほとんどまったく、考えるということについて教えなかった。それでも、気がついてみると、われわれはそれぞれ、いつのまにか我流の考え方、自分だけの考えのまとめ方をもっている。

どこで教わったというのではないし、とくに自分で工夫したということもなく、自然にある型のようなものができ上がっている。その人の発想は、この型によって規制される。やっかいなのは、その型をみずからでは、はっきり自覚することが困難なことである。

自分はどういう考え方をしているのか、ということを意識するには、ほかの人の型に触れるのが有効である。この本がそういう意味でいくらかでも読者の役に立てば幸いである。

だいたい、思考とか、思考の整理について、かんたんに方法を教えることは困難であると思っている。したがって、この本も、技術や方法を読者に提供しようという意図はもっていない。いわゆるハウツウものにならないようにしたつもりである。

考えるのは面倒なことと思っている人が多いが、見方によってはこれほど、ぜいたくな楽しみはないのかもしれない。何かのために考える実利実用の思考のほかに、ただ考えることがおもしろくて考える純粋思考のあることを発見してよい時期になっているのではあるまいか。

ものを考えるとはどういうことか、を考えようとする人にとって、他山の小石くらいに見ていただくことができれば幸いである。いくらかでもよい刺激となることがあれば望外のしあわせと言うほかはない。
本になるまでに筑摩書房編集部の井崎正敏氏から特別のお世話になった。あつくお礼申しあげる。

一九八三年早春

外山滋比古

「思われる」と「考える」
——文庫本のあとがきにかえて

日本へ来たばかりのアメリカ人から、日本人は二言目には I think…… というが、そんなに思索的なのか、と質問されて、面くらったことがある。日本のレトリックがよくわかっていないのでびっくりしたのだろう。

日本語で話しているとき、たえず〝と思います〟という言い方をする。別にはっきりした判断にもとづいているわけではなく、ただなんとなく口ぐせのようになっているのである。

「AはBである」と断定してしまってはあらわにすぎる。あるいは相手への当りが強すぎるという気持がはたらく。なにかでこれを包みたい。そう言えば、われわれはひとに金を渡すときにも包みに入れる。店先きで買物をするときにはもちろん裸かの金であるが、いくらかでも社交の意味合いのこもった金を贈るとき、むき出しの金ではいけないのは常識である。

お祝いをもらって、袋をあけると、すぐ紙幣が見えると、なんとなくおもしろくないように感じる人間がかなりある。それでていねいな祝儀袋には中にもうひとつ袋がある。外を開いてもすぐお金は見えない。この方が品がよいように思われる。包む心はこんなところまでも及んでいる。「AはBである」というのは、むき出しの金をつけるようなもので、はしたない。包めば「AはBだと思います」とか「AはBではないでしょうか」となる。その心理が英語をしゃべるときにもち込まれると、A is B.とはできないで、I think A is B.といった表現になる。実際はとくに考えているわけでもなんでもない。思索的か、などと買いかぶられては面くらう。

かつて日本人の科学論文を英訳する仕事をしていたイギリスの物理学者がわれわれの虚を衝く問題提起をしたことがある。日本人の論文には「であろう」という文末がしばしばあらわれる。「AはBである」とすべきところが「AはBであろう」となっている。これではいかにも自説があやふやで、自信がないようにきこえる。ところが本当は論拠が不確かであったりしているわけではなく、「AはBである」と同じ内容をもっている。そうれなのに「AはBであろう」としてある。こういう「であろう」は英語に相当するものがない、どう訳したらよいのかという一種の告発であった。

これは当時、その学界にとどまらず、広く知識人の間につよい衝撃を与え、学術論文の中の「であろう」はたちまち影をひそめたけれども、正直な気持としては、いまでも「であろう」を付したいと思っている人はすくなくないらしい。

やはり、「AはBである」とむき出しにするのはためらわれる。包みたいという気持が「であろう」の末尾になる。したがって「AはBであろう」は「AはBである」と違った意味をもつのではない。「AはBである」に対する一つのヴァリエイション、語尾変化にすぎないと解するのが正しい。

この「であろう」とはじめのアメリカ人が指摘したI think….とはかなり近い。I thinkがついているのと、いないのとで論理上の差があるのではない。あるとすれば修辞上の違いである。

つまり、日本人が「……と思います」と言い、英語でもうっかりI thinkとやっているのは、たとえば、「われ考う、ゆえにわれあり」(Cogito, ergo sum.〔I think, therefore I am.〕)とは別のものであることを承知しなくてはならない。日本人が「と思う」というつもりでI thinkというとき、その第一人称には自分の責任においてという自覚はあまり認められない、としてよい。thinkにしてもしっかりした思考を打ち出そうとしているのではなく、むしろ、判断をぼかすためのベールのような役割を果している。

シェイクスピアの時代の英語には、いまは使われないmethinksという言い方があった。「思われる」という意味である。注意すべきはI thinkのIがなくて代りにmeが頭についている点である（me + thinks）。現代英語で言い換えるとIt seems to me.... となる。

日本人の「思われる」「であろう」、それを英語にしたI thinkは、このmethinksすなわちIt seems to meによく似ているということである。欧米人流のI thinkに比べると、パッシヴで主張のつよさに欠ける。考えようとして考えるのではなく、考えが向うからやって来るのを受け入れる。それが「思われる」である。これには科学者の論文のように、はっきり考えようとしたことですら、自然にあらわれたように、あるいは受動的な思考のように、「であろう」とぼかす場合も含めてよかろう。

ものを考えるには、I thinkという考え方とIt seems to meという考え方の二つがあることになる。日本人は後者の考え方をすることが多い。しかし、このことば、なにも日本人に限ったことではない。たいていの思考ははじめから明確な姿をもってあらわれるとは限らない。ぼんやり、断片的に、はにかみながら顔をのぞかせる。それがとらえられ、ある程度はっきりした輪郭ができたところで、It seems to meになる。

それに対して、I thinkの形をとる思考はすでに相当はっきりした形をとっており、結末への見通しも立っている。完結した思考の叙述である。It seems to meの形式は進行形、不定形の思考である。結論ははっきりしていないことがすくなくない。「はじめにことばありき」と言い放ちうるのは、「われ考う、ゆえにわれあり」の思考に通じる明確さをもっている。それに対して、It seems to meは、なお「くらげなす、ただよえる」状態にあると言ってよかろう。

「くらげなす、ただよえる」ものがはっきりした形をとるようになるには時間の経過が必要である。混沌もやがて時がたてばさだかな形をとるようになる。いつまでも「くらげなす、ただよえる」状態をつづけるものは拡散崩壊して消滅する。

こういう時間の整理作用に委ねておかないで、想念を思考化していく作業が「考える」ことである。「と思われる」という思考はいわば幾重にも衣服につつまれている。外側はやさしいが本体がどういうものであるかは、「と思われる」としている当人にとってもはっきりしていない。

その着物を一枚一枚脱がせていくのが、I think本来の思考である。これをすることは日本人のように心情的思考を好む人間にはとくにたいへんなことである。読書によって自分の感じていることとは異種の思考に触れているうちに、自分の考えが洗い出されるという他発的方法もありうる。

それとは別に、書くことで、自分の考えを押しすすめる、書くことは考えることである、とのべている人のいることも注目される。漠然としていたことが書く過程においてはっきりする。「思われる」ことの外装がはがされて中核に迫っていくことができる。

「ものを書くのは人間を厳密にする」とのべている人もある。こういう書くことと考えることの並行説をのべているのが多くエッセイストであるのはおもしろい。エッセイストは「と思われる」ことがらを「思想」化する道程に喜びを発見するのである。

エッセイは思想がまだ衣服をまとった状態で提示されている。いかにも身近に感じられるのはそのためである。エッセイに試論、つまりかなりはっきりした思考をのべた文章と、随筆、すなわち、まだ明確な思考の形をとらない想念を綴ったものとの二つの意味があるのは、「と思われる」ことを、そのままに近い形で表現するか、もうすこしまとまりをつけた〝論〟にして表現するかの差である。

I thinkのエッセイが試論であるとするなら、It seems to meのエッセイは随筆、随想ということになる。いずれにしてもエッセイストはもっとも身近なところで思考の整理をしているのである。何か考えたら書いてみる。その過程において考えたことがIt seems to meから、すこしずつI thinkへ向っていく。われわれはだれでも、こういう意味でのエッセイストになることができる。

思考の整理学はめいめいがこういうエッセイストになることで成果をあげるはずである。

本書は「ちくまセミナー」の一冊として出版された『思考の整理学』に、

最後の「あとがきにかえて」の一章を書き加えて文庫本としてもらった。お世話になった筑摩書房編集部の方々にあつくお礼申し上げる。

一九八六年春

外山滋比古

◉東大特別講義

新しい頭の使い方

――『思考の整理学』を読んだみなさんへ伝えたいこと

知識と記憶

世間のニュースでは、経済の問題に興味関心が高い。日本の経済力が落ちていることを過剰に心配する向きがある。日本人が経済力を非常に大事に考えていることのあらわれであろう。一方で、経済力を重視するほどには〝文化力〟を重く見ていない。その結果、日本の文化力は世界では上位に入れていない。そのことに危機感を持たず、経済ばかりを追いかけているのは情けないような気持ちがする。

明治時代から日本人が〝勉強〟と称して、努力してきたものは、多くが外国を真似るだけの受身型の勉強であった。だから、アメリカでは、日本人をコピーキャット――ものまねと言う人もいる。たいへん残念なことだが、そう言われても仕方がない。

こと文化系の分野において、ただ本を読んで外国のものを頭に詰め込み、それらを混ぜ合わせ、あたかも自分の考えのように見せる研究者がたくさんいる。これはまずいことである。自分の考えであれば、国際的に批判を受ける勇気を持って、外国語で論文を出すべきである。これまで文化系の研究者の中に日本語で学術研究を発表する者が多くいた。それではどの程度の剽窃や無断借用があるのかわかりづらい。日本語の壁に守られ、世界の人々は日本人研究者の書いているものを批判、吟味することができない。そうした状況に甘んじて、本当は自分の考えではないものを、自分が考えたもののように発表する悪い習慣が長く続いてきた。

もっとも文化において〝知識〟は重要な役割をもつ。知識がなければ何もできない。ただ、この場合の知識は自分で作ったものではない。誰かほかの人がこしらえたものを伝え聞いて、身につけたものに過ぎない。その多くは〝記憶〟で対処できてしまう。

記憶することが苦手な人は、知識の習得にも難渋する。日本では、小学校からずっと「忘れてはいけない」「覚えなさい」と指導されてきた。記憶する力が非常に大事な能力であると思い込み、人間の価値は記憶力の優秀さによって評価される風潮を無批判に受け入れてしまっている。だから、記憶力のみでも学校で優秀な成績を上げれば「頭がいい人」だと考える。実際そうやって評価された人は、いい就職先に落ちつき、社会的にも恵まれることが多かった。その結果、知識と記憶が自分にとって「どういうものであるか」ということを充分に反省することなく現在に至った。

コンピューターは敵か、味方か

このような知識と記憶への認識不足に対して、警告となったのが、一九五〇年代頃から徐々に普及し始めたコンピューターである。初めは計算機だったが、だんだんと人間の記憶と再生の能力を肩代わりするようになり知的革命が起こった。『思考の整理学』を執筆した一九八三年頃は、コンピューターがあらわれて三十年ぐらいたった頃であった。それまでやってきた勉強のやり方は果たして正しいのか。遠くない未来にコンピューターに負けてしまうのではないか。そう感じていた。

産業革命のときには、ホースパワー（馬力）を持った機械は、ヒューマンパワーを圧倒して、工場から大量の人間を排除した。多くの人間が、ホースパワーでは処理のできない情報、事務をするために、オフィスの中へ入りサラリーマンとなった。ところが、今度はコンピューターが、そんなサラリーマンたちに取って代わる力を持ってきた。あらゆる場面で、その処理能力は人間よりも合理的で速く、正確なことは実証されている。

われわれは、絶えず忘れ行く不完全な記憶力で、コンピューターに立ち向かい、生き抜いていけるだろうか。コンピューターは人間が作った道具だから、ときに親しみを感じるかもしれない。だが、情報の処理能力に関しては人間にとって〝敵〟である。この敵と対峙して、どうしたら勝てるのか。それを考えなければたいへん困った事態に陥る。

たしかにコンピューターは、記憶と再生に関しては人間をはるかに凌駕している。しかし、「ゼロから考える」「先を正確に読む」「人の気持ちを察する」など、想像力を巡らせてなにかを発想することは、現時点では人間ほど正確にはできないことが多い。そして、何より重要なのは、記憶した情報を〝忘れる〟ことができないことである。

これに対して、人間の〝忘れる〟能力はとても高級にできている。自分にとって無意識の価値観に合わせて有用なものは忘れず、無用なものを忘れる。すなわち〝選択的に忘却する〟という力を持っているのである。

コンピューターは全てのデータを消去してしまえば忘れることになるが、それは全面的忘却である。人間の選択的忘却はそれとは異なり、各人の価値観によるため、たいへん個性的である。

個性というものは、情報の記憶だけでは生むことはできない。情報も記憶も、そのままでは没個性的である。人間は同じように情報を記憶することができ、試験で百点満点をとる答案は何人あっても同じ答えをしている。ところが、人間の忘却作用がはたらいて欠損部分のある答案は十人十色、それぞれが異なったところを間違っている。同じ八十三点の答案がいくつかあったとして、全く同じところで点を引かれている答案があったならカンニングを疑ってよい。それほど忘却は個人差がはっきりしている。

人間の頭は、決していい加減に忘れているのではない。自分にとって「意味のあるもの」と「意味のないもの」を区別し、意味のないものを忘れていく。ここに個性があらわれる。これはコンピューターには、できない機能である。

幼児教育と絶対語感

われわれは、この選択的忘却をフルに働かせることでコンピューターとわたり合える。ここで大事になってくるのが〝ものを考える〟、そして、考えたものを〝うまく忘れる〟ことである。

では〝忘れる〟とは、どんなことか。頭の中では無意識で自覚のできない価値観のネットが作用している。これに引っかかるものは忘れないが、通過するものは忘れていく構造になっている。それぞれの価値観のネットは、生まれてから五、六歳までのあいだにほぼ形作られる。ただ、それがどのようにして形成されるのかは全く未知である。

幼児に対して、「考えたり、感じたり」することが稚拙なレベルにあると思っている人がいるかもしれないが、これは大きな誤解である。どんな人間でも生まれてから数年の間に、最高の思考力や感受性を有しているのだ。

例えば、積極的に教えなくても、母国語を三、四年でほぼマスターしてしまう。さらにはそれぞれの頭の中に自分なりの文法をこしらえる。私はこれを〝絶対語感〟と呼んでいる。もっとも、こども自身、この文法を意識せず、自覚もないまま内蔵している。ふだんは眠っているようでも、よその人が自分と違った言葉遣いをしたりすると、さっそく目をさまして「おかしい」と感じる。そうやって外国語やよその方言を判別できるのも、頭の中の自分の文法に照らし、自分の持っている言葉と違うと判断しているからである。

ところが学校へ入ると、教師はその能力を無視して、「文字」によって、情報や知識を習得させようとする。その上さらに「忘れちゃだめですよ」「覚えてください」と溜め込ませるので、知識は増えていく反面、個性の核であるはずの絶対語感は抑えられてしまう。

知識はそれを持っているだけで、ものを考える手間や面倒さを省いてくれるから、知識が増えれば増えるほど、ものを考えないという悪循環が生じ〝知識の量〟と〝思考の力〟が反比例していく。ものごとをたくさん知ることで、自由な考えというものが生まれにくくなり、クリエイティブでなくなる。たくさんの勉強をした人や勉強がよくできる子などに見られる痛ましい現象である。

逆に、物を知らない人は知識で処理することができない。いちいち自分の頭で考えて問題を解決するほかない。知識が少ないことで、かえって考える力が発揮される。だから、物を知らない人のほうが、新しいことを考えるのに優れているのである。

知的メタボリック

知識の取り方にも問題がある。知識を「食べ物」だと考えてみるとわかりやすい。人間は食べ物を胃の中で消化して、腸で栄養を摂取し、要らなくなったものを排泄する。同様に知識も、頭に入れ、頭の中で消化して、大事なことを切り抜いて、要らなくなった知識を排出する必要がある。しかし、われわれは知識を忘れてはいけないものだと思い込んでいる。

十七世紀のイギリスの哲学者フランシス・ベーコンの言葉に「知識は力なり」というのがある。これは知識を捨ててはいけないというたいへん強い考え方を示したものだ。こうしたものを人々が盲信して、用のなくなった知識を頭の中に残すことになった。しかし、これは危険なことである。長く続くと〝知的メタボリック〟に陥る。つまり、使われない栄養分や脂肪がどんどん溜まるのと同じで、使われない知識が多くなると、思考力を抑えたり、活気を失わせたり、さまざまな弊害を引き起こすのである。

昔からインテリはいたが、現代では溜め込む知識が桁違いに増大しているので、事態は深刻である。たくさん勉強をした人が、さらに知識を詰め込んでコンピューターになることを願っているようなところがある。

ものを考えるとき、頭いっぱいに知識が詰まっていると、自由な思考は困難である。コンピューターが普及した現在、完全な知識を記憶することに固執する必要はない。より速く情報を入れて、不要なものはどんどん忘れる。その上で必要なものを残す。そうすることで新しい発想が生まれる。知的メタボリックにならないためには何より〝忘れる〟ことである。

不要なものが一掃され頭の中が整理されると、新しい有用な情報が入りやすい。逆に、もともとあった情報までも引き出され、これが新しい発見に繋がる。そのためにも〝忘れる〟ことは、今までのように〝困った〟行為ではなく、活潑な思考活動を促すために不可欠な作業である。

実は人間は、忘れないと困ったことになるということを本能的に知っている。その証拠に、レム睡眠という睡眠の時間を一晩に時間をおいて三から五回ぐらいもっている。レム睡眠中に、起きていたときに入ってきた知識、情報を、価値観のネットに照らして、無意識にこれを仕分けする。覚えていなければいけないものと、忘れたほうがいいものを選り分けて、用のないものは捨てる。一回では不充分なので、何回か繰り返すことで相当な無意識の忘却作業をしている。目を覚ましたとき、気分爽快で頭がすっきりしているように感じるのは、不要な情報が排出されているからである。

情報社会に溺れない方法

現代には本に限らず、さまざまな情報が溢れている。テレビ、新聞、インターネットなど、情報がおびただしく増えているから、レム睡眠による自然の忘却だけでは、完全には頭が整理されない。何となく朝の目覚めもよくないという人が多いのは、そのためかもしれない。

もともと〝ものを考える〟のは朝が最適である。朝、目を覚まして起き上がるまでの何分か。できれば十分から二十分ぐらいのあいだにものを考える。充分に目が覚めなくてもいい。ぼんやりした頭で天井を眺めているときがベストタイムである。中国では「枕の上」と書いて枕上《ちんじょう》の時間と呼ぶ。このとき、ふっと出てくる考えが前日の情報ではなく、何日か前のものが突然出てくるということがある。これこそが忘却がうまく進んだ頭で生まれるクリエイティブな思考である。

夜の睡眠だけで充分な忘却ができなければ、散歩をすることを勧める。歩くことで血の巡りがよくなり、散歩のあいだは、ほかのことができないのでぼーっとすることができる。

たまに散歩しながら考えるという人がいるが、最初の三十分は相応しくない。三十分では、まだ頭が整理されていないからである。四十分、五十分と歩くうちに血の巡りがよくなり、ようやく頭の中にかぶさっている靄、リーセントメモリー（最近記憶）が取れてきて、頭の奥で眠っていたものが顔を出す。

ここまで来ると散歩の本領である。思いがけないことを考えついたり、思い出したり、連想したり、おもしろい。散歩をするのなら、少なくとも三十分は、ウォーミングアップとしてカウントしないでおく。そこから先の時間で、思いついたものが独自の思考といえる。

このように散歩はとてもよいのだが、時間がかかる。最低でも一時間は必要で、短時間では意味がない。とはいえ一時間も散歩する時間を持てない人も多いようなので、それに代わるべきものも紹介する。

「風呂に入る」こともとてもいい。全身の血の巡りもよくなりリラックスできる。すると、ごく最近のことを忘れて、ふっと何か遠いものを頭に浮かべるような、いい気分になる。そこで出てくる考えは相当いいものだといえる。風呂で思いつきを得る人は、たくさんいるはずである。

また〝休み時間〟というのもたいへんに大事である。学校で各授業の合間に、十分ほどの休み時間がある。この時間はきわめて大切な〝忘却〟の時間で、前の授業のことをなるべく忘れるために使うべきである。

勉強熱心な子が、みんなが外に出て遊んでいるあいだも、教室に残りノートを整理したり、本を読んだりしていると、それを見た教師が感心をしたりする。しかし、これはたいへんまずい。休み時間は、外へ出て、走り回ったり、飛び回ったりして汗をかくのが一番いい。教室へ戻ってきたら「さっきの授業は何をやったっけ？」というぐらいになると相当の効果があらわれてきた証拠である。授業と授業の合間の休み時間は、十分ぐらいだが、もう少し長くしてもいい。頭の中をその都度整理すると、学習能率がとても上がり、考える力や記憶力も活潑になる。

日本では一つのことを続けることを「継続は力なり」などと称賛するが、同じことを長く続けることは、頭にとってはよろしくない。日常生活でも朝から晩まで同じ本を読むのはもっともまずい。本を読んだあとは違うことをするのがよい。外でジョギングをしてみるとか、なるべく違ったことをすることで、頭に入れたものを忘れやすくしてやる。

〝忘れる〟ことを恐れてはいけない。むしろ大いに忘れたほうがいい。忘れるものは、結局つけ焼き刃みたいなもので、今日忘れないとしても、二、三日たてば忘れる。それに比べて、〝忘れない〟ものというのは、場合によっては一生残るようなものとなる。ものを忘れることによって、新しいものを考える方法を作り出さなくてはいけない。

新しい頭の使い方

われわれは、生まれてから五、六歳までのころに素晴らしい知的能力を持っていた。幼児の目や耳は非常に発達していて、新しいものをどんどん吸収していくかわりに、どんどん忘れる。学びの新陳代謝を活潑にやっている。ところが成長していくとその能力をほとんど失う。文字という情報や知識が入ることによって新陳代謝が停止してしまうのである。

〝学び〟というものが、小学校の知識教育から始まるように考えている人も多いが、それはやや間違いである。学びは生まれてすぐに始まっている。生まれたときから持っている能力を何とかして維持しながらうまく知識を身につけていく。これができればコンピューターに立ち向かう一番の方法になる。

知識はものを考えるときの〝敵〟である。本当に頭を働かすための近道は、忘却を〝味方〟につけることである。敵味方を見誤ってはならない。忘却を忌み嫌うことは、せっかくの味方をいじめているようなものなのである。

嘆かわしいことだが、記憶で知識の量を増やすことはできても、自らの頭で生み出す思考の量を増やすことにはならない。しかし、ものを考えることは、生まれたときから続けてきたことであり、本来は知識がなくても可能なことである。そもそも人間は知識ゼロで生まれてくるのだから、あらゆることを自分の感覚と思考によって、理解、解決しなければならない。

この最高の知的活動を幼いときは無意識でやっているのに、知識を身につけたために、そういう能力をどこかに捨てざるを得なかった。成長とともに、知識が増えてくると、忘れることもできないし、新しいことを考えることもできないという、まずい知的人間ができあがる。しかも、教育は高等教育になるにしたがい、知識が細分化され、専門化され、自分の頭を縛ってしまう。自由にものを考えることをきわめて困難にしている。

われわれは、ここで新しい自分の頭の使い方を考える必要があるのではないか。デカルトは「我思うゆえに我あり」という命題を残した。ここでは自覚的思考だけを認めて、知識というものを認めていない。しかし、純粋思考だけでは人間は生きていけない。やはりベーコンのように「知識は力なり」、知識の力と、そこから考える力も必要である。

幼児期はもっぱら自ら考えていたのに、学校に通う時期になるといきなり知識一辺倒になる。今は失ってしまった幼少のころに持っていた能力を、もう一回何らかのかたちで生かせば、コンピューターを凌駕して社会を動かす原動力になるはずである。

私は〝思考〟という自らで考えることをたいへんに大事だと思うが、決して知識が要らないといっているのではない。知識をうまく生かしながら、それを自分にしかできない、個性的で独創的な思考と融合させていくことである。

ハイブリッド文化

ここで自動車のハイブリッドが連想される。今までガソリン・エンジンの動力だけで走っていた自動車に電気系統の動力を取り入れ、二つの動力を融合させたのがハイブリッド・カーである。ガソリン消費の大きい始動、停止の前後に、動力をガソリン・エンジンから電気系統動力に適宜切り替えて走る。従来より低燃費で、環境にも優しい。ガソリン・エンジンのすべてを否定するのではなく、それをうまく生かしながら、相容れないと思われていた電気動力と併用するという独創的な発想から生み出されたものである。

思考と知識との関係も従来であれば相反する関係にある。しかし、あえてこの二つを融合させれば、ハイブリッドな知性と理性が生まれ、パスカルやデカルトが考えもしなかった新しい人間文化として、これまでの文化を飛躍的に伸ばす可能性が充分にある。そのために、今はあまりにも微力、微弱な思考力をもっと高めて、知識とぶつけ、衝突させて、さらには融合させていく。思考と知識のハイブリッド化が必要である。

「ハイブリッド」という言葉は、かつては「雑な」「混合的でよくない」というニュアンスで使われることもあった。ところが今では、単一なものは弱いのでそれらを複合することでうまく混ざりあえば非常に強くなる、という意味に取られている。

例えば、文化系の勉強と理科系の勉強は、今までは分かれていた。文化系は記憶を中心としたものであり、理科系はどちらかというと思考性が中心である。これらが別々な分野として発展してきた。しかし、これからは文化系の情報蓄積と、理科系のものを生み出す考え方とを一緒にする。それによりこれまで分裂していたものが総合的なものとなる。そうなれば、豊かで人間味があり、しかも新しいものをどんどん生み出していく創造力が生まれる。

世界でもそのようなことを目指している人がきっと多いはずである。だから、われわれも外国のまねごとは捨てて、二十一世紀の人間として、思考と知識、創造と記憶を融合させ、新しいエネルギーを生み出せれば、コンピューターにやられることはない。これを目指して、日本の知性と理性を世界に発信してほしい。自身の生活において、知性と理性との融合というものが成功すれば、すばらしい大きな成果が得られるはずである。

若いあなたへ伝えたいこと

私は歳を取ってしまった。さきに述べたハイブリッド文化にしても、それがどういうものかと空想しているにすぎない。若い人たちには、自分の知性と理性を喧嘩させるのではなく、両者をうまく結びつけ、これまでの知性だけ、理性だけの発想では生み出せなかった〝新しい文化〟をつくってもらいたい。きっと人類の歴史の中で、もっともおもしろい文化が生まれると思う。

理性と知性のほかにも、みなさんがめいめいに自分なりの特性というようなものをさらに入れてもいい。そうやって自分で考えたことをしっかりとほかの人に発信し、その人を動かすことのできるような学問を続けていってほしい。

純粋ではないもの、雑然たるものには力がある。ときにそこから新しいものが生まれてくる。そういう発想を大事にしてください。外国のまねごとをしたり、受動的に教わるだけではなく、新しい文化を自分の力で作り上げていく。そのために、いま、勉強をする。

私よりはるかに年若いみなさんは、きっと未来の日本をリードし、さらに世界をリードしていってくれると思う。それは私にとって大きな希望であり、その一端を『思考の整理学』の中に込めた。刊行から二十年以上経ったが、書いたときとは全く違う読者の方々にも届いていることがたいへんにうれしい。この本を見つけてくれた若い人たちに心より敬意を表したい。この本が今も読まれているということは、新しい世代の人が新しい感受性と思考力を持っている一つのあらわれだと確信している。

みなさん、ぜひ世界的な規模で独創性と発信力をもって新しい文化をこしらえていく、そういう力をぜひ身につけてください――。

・本稿は、二〇〇九年七月一日に東京大学駒場キャンパスにて開催された著者による講演会「思考の整理学を語る」をもとに再構成したものです。

・二〇〇八年に東京大学生協本郷書籍部と京都大学生協ブックセンタールネで一番売れた書籍は、当時刊行から二十二年経っていたちくま文庫の『思考の整理学』でした。本講演会は、そのことを受けて、四半世紀近く読み継がれる『思考の整理学』の魅力とエッセンスをお話しいただく会として開催されました。

参考文献

外山滋比古『忘却の整理学』（ちくま文庫、二〇二三年）
外山滋比古『わが子に伝える「絶対語感」』（飛鳥新社、二〇〇三年）

「思考の整理学を語る」で集まった100名ほどの学生へ語りかける著者
(2009年7月1日　東京大学駒場キャンパスにて)

◉編集協力
松本大介　大河久典

◉カバー装画
安野光雅

◉デザイン
坂野公一＋吉田友美
(welle design)

◉本文挿絵
市村譲

外山滋比古（とやま・しげひこ）

一九二三－二〇二〇年。愛知県生まれ。英文学者、文学博士、評論家、エッセイスト。東京文理科大学卒業。「英語青年」編集長を経て、東京教育大学助教授、お茶の水女子大学教授、昭和女子大学教授などを歴任。専門の英文学をはじめ、日本語、教育、意味論などに関する評論やエッセイを多数執筆した。四十年以上にわたり学生、ビジネスマンなどを中心に圧倒的な支持を得る『思考の整理学』をはじめ、『忘却の整理学』『知的創造のヒント』（筑摩書房）他、『乱読のセレンディピティ』（扶桑社）など著作は多数。

＊

本書は、ちくま文庫『思考の整理学』を再編集の上、「東大特別講義　新しい頭の使い方」を加えた『新版 思考の整理学』を大きな活字にしたものです。

ワイド新版《しんぱん》 思《し》考《こう》の整《せい》理《り》学《がく》

二〇二四年二月十日　初版第一刷発行

著者　外山滋比古（とやま・しげひこ）

発行者　喜入冬子

発行所　株式会社筑摩書房
東京都台東区蔵前二-五-三
郵便番号　一一一-八七五五
電話番号　〇三-五六七八-二六〇一（代表）

印刷・製本　中央精版印刷株式会社

ISBN978-4-480-81578-1
C0010